人·口·发·展·战·略·丛·书

丛书主编 沙 勇

地租分配调节视角下的人口城市化推进路径探究
——从"重地轻人"向"以人为本"的转轨

张耀宇 著

南京大学出版社

《人口发展战略丛书》总序

　　《人口发展战略丛书》在南京大学出版社的出版，可喜可贺。丛书的主编，南京邮电大学社会与人口学院、人口研究院院长沙勇教授嘱我为丛书写序，我欣然从命。

　　《人口发展战略丛书》选题十分广泛，从城镇化与碳排放到消费和环境，从农民工到失独风险，从农村老年健康到农村大龄男性，从大运河城市群到流动人口融入，从农村人口市民化到城市贫困人口，等等，反映了南京邮电大学的人口学者们的广阔的研究视角和广泛的研究兴趣，也反映了这套丛书的丰富内涵。

　　许多研究还强调了江苏的特色，给予江苏特别的关注，既符合情理，也很有意义。江苏是我国社会经济发展最先进的地区之一，江苏所面对的许多社会经济和人口方面的问题对江苏具有现实性，对全国具有前瞻性。因此，丛书的作者们的分析和阐述对于全国同样有着启发意义，也增强了这套丛书的学术价值。

　　改革开放以来，随着国家的发展、社会的需要和国际的交往，我国的人口研究蓬勃发展，涌现了大量出色的研究成果和优秀的研究人才，推动我国人口研究事业向前发展，并赢得越来越大的国际影响。在这方面，南京一直是我国人口研究的重镇之一，南京众多的人口研究机构人才济济，成果累累。《人口发展战略丛书》的出版则是南京人口学界的又一大成果。

　　丛书的各位作者来自南京邮电大学的人口研究院、社会与人口学院、地理与生物信息学院、管理学院、经济学院的科研人员，部分老师是原来南京人口管理干部学院的人口研究方面的教学科研人员。南京人口管理干部学院作为当时国家计生委的直属院校，拥有许多长期从事人口学领域的教学和研究工作的优秀学者，许多老师包括丛书的一些作者都主持完成过国家社科基金人口学课题，参与过国家计生委众多的科研课题调研，熟悉基层人口与计划生育工作，参与过各种国际合作和交流。与南京邮电大学合并后，原南京人口管理干部学院在人口研究方面的传统科研优势得以传承，并与学校计算机信息科学、物联网等特色学科实现了有机结合。比如依托大数据研究院、物联网科技园，与国家原卫计委流动人口司合作建立了"国家流动人口数据开发中心"。学校新设立人口研究院，并重新整合了社会与人口学院，人口学科研骨干在人口大数据、贫困人口研究、人口与区域发展等多个领域取得了不凡的成绩，正迅速成长壮大为国内一支人口研究的有生力量。《人口发展战略丛书》的出版正是这支人口研究的有生力量的生动体现。今后如果能将人口学与其他学科进一步融合，优势互补，发扬光大，必将为我国的人口事业做出更为卓越的贡献。

丛书的作者有许多都是青年俊秀，他们的成果更值得嘉许。进入 21 世纪以来，我国人口态势呈现出生育率长期走低、老龄化不断加剧、城市化快速发展、人口流动日趋频繁的全新的局面。人口新常态的到来，必然会带来许多前所未有的新特点和新问题，需要去探索，需要去回答，这成为他们所要肩负的新时期人口研究的新发展的使命，任重而道远。因此，这套丛书的出版也标志着我国新一代的人口学者正在茁壮成长，我国人口学的发展后继有人，是非常令人欣喜的。

2018 年 5 月

前　言

自 2012 年党的十八大召开以来，随着"新型城镇化""以人为本"的改革目标提出，推进城市化发展已经上升为国家层面的发展战略。但是，与"以人为本"目标相悖，中国已有的城市增长中存在着严重的"重地轻人"问题：人口城市化滞后、伪城市化问题严重，同时城市用地过度扩张、土地低效率利用等。考虑到在后发国家快速城市化发展中，城市土地价格快速上涨，土地成为社会财富的主要载体，土地增值收益的分配与城市化发展中的人地关系，特别是人口可融入之间有了重大关联。可见，中国城市增长的人地两个方面存在着不可忽视的重大关联。有鉴于此，本书探索将"人口城市化"的发展目标嵌入传统的城市土地调控政策体系之中，构建符合中国国情和发展需要的城市增长调控政策体系：基于土地公有制，以地方政府的地租收益分配调节为核心，将城市增长中的人地问题统筹调控、联动治理，在抑制"土地城市化"过快的同时，合理推进"人口城市化"，从而促进城市增长中的人地关系协调，最终实现从"重地轻人"到"以人为本"的路径转轨。本书共有 8 章，如技术路线图所示，分为三个部分：基础背景（1—4 章）、问题剖析（5—6 章）与治理探究（7—8 章）。

第一部分包含了前 4 章，旨在构建本研究的工作基础。第 1 章"绪论"中交代了研究背景并阐明了研究意义，指出推进城市化发展向"以人为本"转型对中国宏观经济转型的具有重要作用，并提出将探索构建符合中国国情和转型发展需要的城市增长调控政策体系作为本书的研究目标。围绕研究目标设置相关研究内容，选择研究方法、设置技术路线。第 2 章"文献综述"中则通过对已有相关研究进行系统的综述，从而掌握相关的研究动态。了解已有的中国土地制度对城市化发展有着怎样的影响,以及如何推动土地制度改革,能够满足城市化发展转型的需要,等等。通过系统文献回顾、评述、总结与归纳,为本研究的开展奠定基础。第3章"理论基础、概念界定与分析框架"将会在上面两章的基础上,进一步对本研究涉及相关理论与概念进行总结与界定;着重明确了本研究中的核心概念——地租收益特指在土地公有制的安排下,政府作为垄断供地者,以地租方式获取的土地增值收益。在该定义下,政府掌控的地租收益,主要属于土地增值收益中的外部性因素导致的自然增值部分,因此政府掌控的地租收益属于社会财富,需要用于社会公共用途。同时,本章构建了研究的分析框架,阐明了分析问题的整体思路。考虑到现阶段中国出现的城市化问题,受到中国社会经济发展变迁的影响且是长期以来累积而形成的,所以,在第4章"地租分配、经济发展与中国的城市化发展:一个历史回顾"对中国的城市化发展进行系统的历史回顾。根据地租分配、经济发展、城市化这三者的关系以及各自的阶段性特征,本章将中国的城市化发展进程分为四个阶段,并分别剖析了在各个阶段,不同的经济发展模式,及其背后对应着不同的地租分配模式,这两者又会作用于城市化发展,导致城市化发展有着不同的表现。通过系统的历史回顾,本章发现:第一,不同的经济发展模式,其背后的地租分配模式也显著不同。第二,不同的经济发展模式和不同的地租分配模式又导致了城市化发展的不同阶段性特征。第三,总体上来看,在各个阶段我国一直采取的是"高积累,低消费"的国民收入分配方式。而在土地公有制的制度安排下,政府对地租分配的控制,则是实现整体上国民收入分配"高积累,低消费"模式的关键。第四,"高积累,低消费"的模式背后,则是政府对居民公共物品的供应有限,地租水平过高导致的人口城市化障碍。特别在进入"以地谋发展"阶段后,地方政府以城市地租的方式来集中财富用于建设,从而导致房价高速增长、人口市民化成本过高。所以,基于四点研究结论可知,在如今经济发展转型的背景下,要实现"新型城镇化",其关键点在于地租收益分配调节:对这部分由地方政府掌控的、以地租方式获取的、属于国民共有的社会财富进行分配调节,调节其支出结构,使其从主要用于城市物质环境建设转变为人与环境的协调,特别是促进农村转移人口的市民化,从而发挥我国公有制的制度优势,实现城市增长"人地统筹",推动新型城镇化。

　　第二部分包含了第 5 章、第 6 章，共两章内容，通过对现阶段地方政府获取地租收益的来源、方法及其用途进行深入分析，从而系统地解释城市化发展中"土地超前、人口滞后"问题的成因。第 5 章"'以地谋发展'的制度成因、地租'攫取—分配'策略及其对城市用地增长影响"详细地剖析了现阶段"以地谋发展"模式的内在机理及其对城市用地扩张的影响。并利用 2006—2012 年的省级面板数据和联立方程组模型，完成了实证检验，验证了第 5 章中所提出的工作假说。研究发现：受到地方政府服务于发展竞争的"以地谋发展"行为影响，城市用地增长在二产用地和经营性用地这两个方面有着不同的表现，前者低价供地以实现招商引资、工业化发展的最大化；后者则通过城市建设投资—土地价格上涨的自我循环与跨期的土地抵押、出让决策来实现土地融资最大化的目标，并将其融资收益用于补贴二产用地的低价供应和推进城市建设等方面。地方政府在这两个方面进行协调，以实现整体上的财税扩张和经济增长最大化，也即通过对地租的"攫取—分配"来最大限度地满足其发展竞争的需要。同时，在这种依赖土地资源的发展模式下，地方政府对本地农民、外来务工者的人口市民化供给是依据其对土地扩张的直接贡献作用而不是自身的市民化意愿与需求，这进一步导致了城市人口增长的扭曲。因此，相应的调控政策应着力于减少政府对土地资源配置的干预，推进土地资源配置市场化，进而转变地方政府依赖土地资源的发展模式。在剖析了土地城市化为何过快之后，进一步统筹分析城市增长中的人地问题，探究为什么"人口城市化"要明显滞后于"土地城市化"。在第 6 章"地租收益分配与城市增长中的'重地轻人'：基于经济学视角的一个分析"中，将人口变量引入城市用地扩张的理论模型中，构建了能够同时反映城市增长中人地两个方面的理论模型，以地租收益分配为核心，剖析了人口增长与用地扩张之间的互动关系，并运用 PVAR 模型完成了实证检验。研究发现，在政府主导的城市化发展中，受发展竞争驱动，依靠已有的城乡二元制度，特别是城乡二元的土地与户籍制度，地方政府将城市中决定用地规模的经济活动人口和享有公共物品的户籍人口割裂开来：一方面，尽可能多地扩张城市面积以容纳更多的经济活动人口、攫取地租收益；另一方面，在地租分配中，拒绝让非户籍移民以公共物品的形式分享城市增长中的地租收益，从而降低城市化发展的成本。地方政府在享有外来人口集聚带来的地租收益的同时却不必承担相应的公共物品成本，这种成本收益计算中的扭曲进而导致了城市增长中的用地过度扩张、整体社会福利水平下降的问题。有鉴于此，在城市化相关改革政策中，应当引入人地统筹的调控思路，将城市土地开发中的地租收益分配与人口市民化问题挂钩，从而有助于实现城市增长中的人地关系协调。

第三部分包含了第 7 章、第 8 章共两章内容，在上文研究的基础上，进一步探究针对中国城市化发展中存在问题的相应对策。在第 7 章"怎样的地租收益分配有助于实现'以人为本'的路径转轨？"中，结合国内外经验来论述在城市化发展中，地租收益该如何进行分配，才有利于"以人为本"的目标。首先，通过理论分析可知，由于土地资源配置存在外部性问题，需要政府介入调节地租收益分配，也即城市化发展中土地权利应处于一个公私协调的状态才能够保障城市化发展中的效率与公平。其次，通过对成功城市化国家如日韩的相关做法进行总结分析可知，快速城市化发展中，需要政府强力介入地租收益分配调节，抑制投机并向城市中新迁入人口提供住房保障以使其不必承担过高的地租成本，方能保障城市化的"以人为本"。再次，对中国已有的相关土地制度改革进行归纳总结，以公私权利协调和人地统筹两个标准来进行评判，分析其亮点与不足之处。最后，可以得知，在中国的相关城市增长调控政策中，依据自己的发展需要和特殊国情，也应因地制宜地协调土地权利公私两个方面，特别要考虑作为城市化发展迅速、有着大量人口需要市民化的现实背景，中国在城市土地开发中的地租收益分配环节仍然需要政府介入以保障整体上的社会公平，以政府调节地租收益分配保障移民可融入。具体而言，在中国现阶段转型发展、推进新型城镇化过程中，土地权利合理的"公私协调"，可以从两个方面来展开：一方面，通过公权力收缩、放松对私权利的管制，推进土地资源分配中的市场化演进，以提升土地资源配置效率，即对政府获取地租收益的方法（从直接转向间接）和来源（局限为自然增值，消除垄断利润）进行调控。另一方面，作为本研究的重点部分，还要注意到，地租收益分配中要保留部分公权力，以实现地租收益分配的公共利益、克服外部性问题，即对政府掌握的地租收益进行用途调节，从传统的将地租收益侧重于建设用途转向推进人口市民化用途，以公权力协调地租收益分配、克服土地增值收益中的外部性问题，保障公共利益。在第 8 章"研究总结与政策建议"中，首先可以得出本研究的三个主要研究结论：第一，地租收益分配调节是我国经济发展的重要调控手段。第二，经济转型背景下，应以地租收益分配调节为核心推进城市化。第三，应以公私权利协调为原则，构建增长调控政策以调节地租分配：以政府公权力"一退一进一转"推进两个"挂钩"与两个"实现"。两个"挂钩"即为城市用地增长同人口增长、主要与农业转移人口落户相挂钩，城市地租收益分配与农业转移人口市民化成本相挂钩。两个"实现"则是指农民土地权利的两个实现：以市场交易的方式，利用其土地或土地权利参与到城市建设中，分享地租收益，实现其财产权利；以公共物品的形式，分享其工作所在城市发展中的部分地租收益，实现其公民权利。其次，依据上面的研究，本书尝试着给出详细的城市增长调控政策建议，分为四个方面：(1)推广中原经济区的"人地挂钩"模式，为城市用地增长加上人口市民化的强约束条件。(2)结合已有"苏州模式""三旧改造""地票交易"经验以及日本的区划整理制度，分区域、逐步推进土地资源市场化配置。(3)政府以"减步法"调节地租收益分配，实现"以人为本"的"地利共享"。(4)土地开发中从政府侧重管制、直接参与转向市场主导、政府以政策工具进行激励、引导。最后，针对本研究中的不足之处，有待进一步深入挖掘的地方，归纳两点作为未来研究展望：第一，城市化发展中房地产相关的财税制度研究；第二，城市化发展中的住房保障制度研究。

目　录

表目录

图目录

第1章　绪　论

1.1　研究背景与意义

1.1.1　全球范围内的快速城市化浪潮

城市在人类文明发展中有着悠久的历史。有学者（刘铮，1985）认为，人类至今已有 9 000 年的城市发展史，也有学者（沈建国，2000）认为从两河流域城市出现开始计算，人类城市的发展历史有 5 500 多年。但是，"城市化"却是从 19 世纪才开始的（高珮义，1990）。人口向城市稳定的、持续不断的和加速集中的一个世界性过程，即世界的城市化，是近 200 多年以来才出现的一种现象（周一星，1982）。1851 年，英国成为当时世界上第一个城市人口超过总人口的 50% 的国家（沈建国，2000）。1861 年，英国的城市人口占比达到 62.3%（中国科学院经济研究所世界经济研究室，1963）。1867 年，西班牙工程师赛达（A. Serda）在其著作《城市化基本原理》中首次使用了 urbanization（都市化，城市化）一词。

不可否认，现如今已经进入了全球城市化[①]的发展时代，根据世界银行的

数据统计，2007 年的全球城市化率已经超过了 50％。按照诺瑟姆曲线①，目前全球已经进入快速城市化发展阶段，城市化将会是全球范围的一波浪潮，而不是仅仅局限于过去部分发达国家与地区的城市化发展。预计 2050 年世界人口将达 93.1 亿人，其中 67.2％ 为城市人口 (Department of Economic and Social Affairs of United Nations，2012)。21 世纪末，全球城市化率达到 80％以上，人类完成从农业、畜牧业的乡村社会向工业化、信息化的城市社会的根本转变，已经是一个确定性的前景 (华生，2013)。

1.1.2　中国城市化发展中的扭曲与挑战

对中国而言，2008 年国际金融危机爆发以来，在外部需求明显受到抑制的不利条件下，能够率先复苏，并且有别于其他主要经济体而"例外"地实现经济高增长，不可忽视的是中国从工业化向城市化转变这一重大发展背景和利好因素 (中国经济增长前沿课题组，2011)。进一步地，处在经济发展转型中的中国，能否缩小城乡差距、降低对投资与出口的依赖、促进内需，最终实现国民经济发展方式转型，都系于城市化发展的成败之上 (国务院发展研究中心课题组，2010；万广华，2012；华生，2013)。

然而，当前中国城市增长的两个基本维度：土地和人口，出现了严重的不相匹配、本末倒置的问题。"土地城市化"快于"人口城市化"，城市面积的扩张并没有为新迁入人口提供生活的空间 (陶然、曹广忠，2008)。一方面，城市建设用地增速过快，东部较发达地区城市建设用地的年均扩张速度约为 4.2％ (谈明洪等，2004)，而世界发达地区的年均扩张率仅为 1.2％ 左右 (Shoshany elat.，2002)。城市土地开发呈外延平面式扩张趋势，忽视了内涵立体的综合开发与利用，土地利用效率低下 (王筱明、吴泉源，2001)。另一方面，城市人口的增长速度要显著滞后于城市建设用地增长的速度，城市建设用地面积在 1990—2000 年及 2000—2010 年间分别扩大 90.50％ 和 83.41％，城市用地扩展弹性系数分别达 1.71 和 1.85，大大高于合理阈值 1.12 (梁倩，

---

① 美国地理学家诺瑟姆 (Northam，1979) 通过归纳多个国家的城镇化发展历史发现，城镇化的进程可以被归纳为一条被拉平的 S 形曲线，体现出鲜明的阶段性。城市化发展遵循"S"形曲线：在发展水平很低的情况下，人口增长也很缓慢；在中间阶段人口增长开始加速，然后进入一个缓慢增长阶段，人口变化从死亡率下降过渡到生育率下降 (米尔斯、贝克尔，1986；World Bank，2000)。谢文蕙、邓卫 (1996) 进一步将其归纳为三个发展阶段：30％ 以下是城镇化初期，30％—70％ 是中期，进入中期后城市化发展开始加速，直到进入 70％ 以上的城镇化的稳定期。

2013)。更为严重的是，多达 1.6 亿[①]的农村外出务工者始终难以在城市中安家落户，处于"半城市化""伪城市化"的状态。目前城市化发展更多的是一种为城市锦上添花而进行的"城市现代化"，而不是把农村人口彻底转移出来并融入现代生活、享受城市公共服务的"人口城市化"（陶然等，2013）。城市增长的均衡点同时取决于土地市场、劳动力市场的均衡（丁成日，2008），不以人口为基本准则的土地开发利用必然会导致资源错配与效率损失：一方面是城市人口过多、基础设施过载、出现拥堵[②]，另一方面则是大兴土木的城市建设却频频出现"鬼城"[③]。

十八大之后，国家层面上已经有针对性地提出了要实现"以人为本"的"新型城镇化"。而要实现城市化从"重地轻人"向"以人为本"的转变，促进城市增长中的人地协调。则不可忽视城市增长中人地两个方面之间存在着的重大关联：后发国家的快速城市化过程中，由于城市扩张对土地的需求增长迅速且规模巨大，使得土地价格急剧增长，土地成为社会财富的主要载体之一。所以，土地增值收益的公平分配与城市中移民的可融入之间有了重大关联，只有公平分配才能保障城市化的大规模人口移居不是贫困人口的空间转移（华生，2013）。在中国已有的土地公有、城乡二元割裂的制度框架下，作为垄断供地者的政府以地租为主要方式来攫取城市增长中的土地增值收益[④]。地方政府通过对城市地租的"攫取-分配"行动策略来推动经济增长、服务于发展竞争需要（张耀宇、陈利根，2016）。现阶段的中国工业化、城市化发展甚至被学者（刘守英等，2012；刘守英，2014）归纳为"以地谋发展"模式，政府依赖土地的发展模式一方面导致了城市用地过度扩张；另一方面，政府以"超级地租"的形式来强化财政收入，使得城市中的居民

---

① 来自国家统计局发布的《2015 年中国农民工监测调查报告》，网址：http：//www. stats. gov. cn/tjsj/zxfb/201604/t20160428_1349713. html。

② 根据《中国城市发展报告》（2012），中国城市上班族平均通勤时间全球领先，比世界平均水平高出 31.7%，比加拿大和美国高出近 1 倍。全国约 2/3 的城市在高峰时段出现拥堵，北京、上海、天津、沈阳、西安、成都等地平均通勤（往返）时间超过 1 小时。

③ 如搜狐新闻《鄂尔多斯 50 亿建新城如鬼城 清洁工步行人多》和《常州鬼城真相：一条马路 500 万平方米房源》，凤凰网《营口疑变鬼城 政府救市无果》和《地产泡沫之殇：众多三四线城市新区宛若鬼城》，网易新闻《常州"鬼城"》。

④ 即使是在税费负担非常重的房地产开发用地项目中，地租也是政府攫取土地收益的最主要形式。如在朱一中等（2013）的测算中，地租占比达到 2/3 之多。

承担了极高的地租成本（李北方，2015）。高地租导致的高房价，则对农民工群体的市民化有着突出的阻碍作用（陈广桂、孟令杰，2008），而农民工群体恰恰是城市中新迁入人口的最主要来源。由此可见，现阶段的城市增长中"重地轻人"问题的出现，明显地受到城市增长中地租分配模式的影响。要实现"新型城镇化"战略，合理统筹城市增长的人地两个方面，需要从地租分配着手，将经济发展中的"土地红利"从主要用于城市物质环境建设转变为人与环境的协调，特别是促进农村转移人口的市民化之上（陈浩等，2015）。

有鉴于此，在中国经济发展方式转型的宏观背景下、"新型城镇化"的目标导向之下，针对已有的城市增长中"重地轻人""人地失衡"的问题，探索构建以政府掌控的地租收益分配调节为核心，统筹人地两个方面的城市增长调控政策体系，促进城市化发展中的人地关系协调，推进中国的城市化发展向"以人为本"转轨，切实推进农业转移人口市民化，从而实现以城市化转型带动经济发展方式转型，是一个有着重大理论意义与现实意义的研究问题。

1.2　研究目标与内容

1.2.1　研究目标

本研究的目标是，在中国经济发展方式转型、提出"以人为本"的"新型城镇化"改革目标的背景下，将"人口城市化"的重大发展目标嵌入传统的城市土地调控政策体系之中，探索构建以地租收益分配调节为核心、统筹人地两个方面的城市增长调控政策体系；在抑制过快"土地城市化"的同时合理推进"人口城市化"，促进城市增长中的人地关系协调，最终实现城市化发展从"重地轻人"向"以人为本"的路径转轨，推动农业转移人口实现"以人为本"的市民化。

1.2.2　研究内容

（1）地租分配、经济发展模式与中国城市化：一个历史回顾

土地是生产的基本要素之一，相对应的，地租也是社会财富分配的基本方式之一，所以，地租收益分配的方式是决定经济发展的关键因素，这一点在实行土地公有制的中国分外鲜明。现阶段，政府凭借垄断供地者的身份攫取城市

增长中的地租收益，地租，特别是城市地租的分配被作为垄断供地者的政府牢牢地掌握在手中，其分配服务于经济建设。而由特定地租分配模式支撑起来的特定经济发展模式，自然会产生独特的城市化发展结果。所以，在本研究开展之初，首先将会通过一个系统的历史回顾，剖析地租收益分配在经济发展、城市化发展中的作用及其变迁过程。

首先，根据地租收益分配、经济发展、城市化这三者的关系以及各自的阶段性特征，将中华人民共和国成立以来的历史进程分为不同的历史阶段，每一阶段的地租分配、经济发展模式与城市化发展都有着鲜明的不同特点与制度成因。

其次，对各个阶段地租收益分配与经济发展之间的互动关系进行详解，如计划经济时代通过集体土地制度建立，消灭农民私人土地权利，国家从而能够以地租的方式更多地提取农业剩余支撑工业发展。又如地方政府在掌握了城市土地开发供应中的地租之后，开始利用"以地引资""以地生财"等方式推动经济增长，形成"以地谋发展"模式。

最后，剖析在特定的地租收益分配模式下、经济发展模式下，会产生怎样的城市化发展结果。如乡镇企业依靠集体土地无偿使用完成资本原始积累，"异军突起"、占据中国经济半壁江山，国家提倡城市化发展以中小城市、镇为主，政策文件中以"城镇化"代替"城市化"。又如地方政府垄断城市地租，形成"以地谋发展"模式后，城市化发展也随之出现了严重的"重地轻人"问题。

（2）地方政府的城市地租"攫取-分配"策略

系统剖析地方政府在城市增长中如何通过系统的地租"攫取-分配"策略来实现"以地谋发展"，制度成因及其影响是推进"新型城镇化""以人为本"改革目标实现，推动城市增长中人地关系协调的前提条件。

首先，系统地归纳地方政府选择"以地谋发展"模式的制度成因。分析财政分权后形成的财税制度、地方政府发展竞争行为，以及土地制度安排下形成的由地方政府垄断的城市一级土地市场，这些因素如何最终导致了地方政府选择依靠土地要素投入、地租收益攫取的方式来推动经济增长，满足其政绩需要。

其次，中国的城市用地增长问题有其内在复杂性：用地过度扩张与住房供不应求、工业用地赔钱供应与商住用地价格高涨同时存在，说明地方政府并非单纯地推动用地规模扩张，其行为背后有着多方面的复杂考虑。在已有的城乡二元制度框架下，地方政府通过系统而复杂的城市地租"攫取-分配"策略，利用地租收益最大限度地满足其需要。因此，应系统而深入地剖析地方政府如何通过系统的地租"攫取-分配"策略来最大限度地实现"以地谋发展"的目标，该策略对城市增长又有着怎样的影响。

最后，研究者在理论分析的基础上，进行实证检验。选取相关的解释变量代表影响城市用地扩张的各方面因素，如政府招商引资行为、土地出让收益、政府城市建设与维护支出，等等。同时，考虑到地方政府在二产用地和城市经营性用地方面有着不同的目标，且两者间存在相互关联，本书选择用面板数据联立方程组模型来进行实证检验。

（3）地租收益分配如何导致了城市增长中的"人口城市化"滞后于"土地城市化"

进一步地，研究将人口市民化滞后的问题引入城市用地增长的分析中，以地租收益分配为主线，尝试着系统地剖析城市增长中地方政府重用地扩张、轻人口吸纳问题。

首先，本书尝试着构建一个能够同时反映城市化发展中人口增长与土地增长两个方面的理论模型，以城市增长中的地租收益分配和人口市民化供给（即公共物品供给）之间的关系为核心展开分析，从而能够将土地过度扩张、人口市民化不足的问题纳入一个理论模型中进行统筹分析。

其次，通过系统的分析来阐述在现有的制度安排特别是土地和户籍制度安排下，城市增长中"人口"与"土地"如何成为割裂的两个部分，彼此之间的联系如何被行政力量所割裂，从而使得地方政府能够分别决定人口和土地这两个方面的实际发展水平，进而扭曲城市化发展，以满足其利益需要。

再次，探究在政府间发展竞争的背景及现行的土地制度、财税制度、户籍制度的框架下，地方政府在推进"土地城市化"和"人口城市化"这两个方面各自的成本收益状况，从而尝试着解释，地方政府为什么会偏好推动用地扩张，而对吸纳外来人口市民化则缺乏动力，以及人地失衡的城市化发展对地方政府而言将会带来怎样的额外地租收益增长能够满足其发展竞争需要，但是会使得整体上的社会福利产生怎样的损失。

最后，在系统地对城市化发展中"土地超前、人口滞后"问题进行分析后，通过 PVAR 模型实证检验来验证理论分析的结果。此外，本书还会以一个"人口城市化"和"土地城市化"相统筹的视角，对相关的国家改革政策进行评论，分析讨论已有相关改革政策在人地统筹方面可能存在的不足之处。

（4）治理路径探究：地租收益调节与城市化发展路径转轨

在中国现阶段的土地制度改革中，大多数学者认为应减少政府行政权力对土地资源配置的干预并大力推进市场机制演进，使之成为土地资源配置的基础，相关的国家改革政策也体现出了这一趋势。但是，也有学者认为政府主导的城市土地开发存在其合理性：能够实现土地收益的涨价归公，有效地保障了中国过去的经济高速增长，不可仓促进行改革。不同观点之间存在较大的争议，且都存在合理的论据，所争论的问题同时涉及城市化发展两个方面："土地城市化"与"人口城市化"。所以，在探究构建相关的改革政策之前，必须先对学者们的观点争论进行剖析，探究怎样进行地租收益分配调节有利于我国城市化发展实现"以人为本"的目标，从而明确治理路径。

首先，对城市化发展中地租收益分配方式进行基本理论分析，剖析以私人权利为基础的市场机制和以公权力为基础的政府干预行为之间如何合理协调。重点分析土地资源配置中的外部性问题与政府干预合理性。

其次，以实现了成功城市化，即人口可融入的城市化，同时也是实现了对发达国家"赶追"的成功后发国家——日韩为例，通过对其相关做法的分析，了解在市场机制为主的情况下，如何通过公权力合理适度干预，实现地租收益分配的"以人为本"，并分析其相关做法对中国有何借鉴意义。

最后，总结归纳已有国内外经验做法，论述在经济发展方式转型的宏观背景下，已有的改革探索在城市增长的"人地统筹"、土地权利"公私协调"两个方面取得了怎样的进步和不足之处。并指出该如何推动进一步的土地制度改革，能够合理地协调城市增长中的土地公私权利两个方面，实现地租收益分配中效率与公平兼顾，满足城市化发展中"以人为本"的目标。

（5）推动"以人为本"目标实现的城市增长调控政策体系构建的探究

完成了上面几个部分的研究内容之后，结合我国的基本国情与转型发展需要，在国内已有相关土地改革探索的基础上和对国际经验的借鉴上，本书将尝试着探索构建以地租分配调节为核心、能够实现"人地统筹"的城市增长调控政策体系。通过相应的政策调控，实现城市增长中土地资源配置的市场机制完善以提升要素配置效率，同时，以公权力合理介入调整城市地租收益分配以推进人口城市化，实现地租收益分配的"人地挂钩"；保障城市化发展中的效率与公平。最终实现城市化发展模式的转变：从"重地轻人"向"以人为本"转变，进而实现以城市化发展转型带动经济发展方式转型的宏观改革目标。

1.3　研究方法与技术路线

1.3.1　研究方法

（1）文献研究

利用高校图书馆、南京市图书馆提供的各类纸质文献资料，网络文献数据库如中国知网、维普、万方、谷歌学术等专业学术文献数据库，以及国家统计局、国土资源部、国务院等政府官网提供的政策文件等相关资料，进行文献检索、搜集、学习，通过对期刊论文、会议论文、硕博毕业论文、研究报告、报纸新闻、统计年鉴、统计公报、法律条文、政策文件等文献资料进行研读分析，从而了解已有的相关研究动态以及真实世界的制度变迁过程、改革趋势、经济绩效，从而对我国的土地制度、城市化发展等方面有较为全面系统的理解，奠定理论基础，了解经验事实。

（2）描述性统计

利用高校图书馆提供的 CNKI 数据库、国家统计局、世界银行数据库、国研网进行城市增长相关的数据搜集，进行初步的描述性统计分析。分析城市化率与人均 GDP、人均国民收入之间的关系，分析城市用地面积增长与人口增长之间的关系，分析土地出让金的支出结构，分析地方政府关于城市化建设维护支出的规模与资金来源，等等，通过描述性统计分析初步厘清我国城市化发展在土地、人口等方面的基本表现特征。

（3）计量模型

理论成为科学理论必须具备两个条件：第一，理论的内部逻辑必须是自洽的，不存在内部矛盾；第二，理论的逻辑推导结果必须与所解释现象相一致，也就是理论与经验事实的外洽（林毅夫，2005）。因此，在理论分析的基础上，有必要建立计量模型进行实证检验。在实证检验使用的数据方面，面板数据是截面数据与时序数据的结合，即不同个体在不同时间上的观察数据（易丹辉，

2011）。本书选择面板数据进行模型分析：以省级行政单位作为分析单元，搜集各省、直辖市的时间序列数据，汇总为面板数据进行分析，并分别在本书的第五章、第六章选择联立方程组和 PVAR 模型来进行实证检验。

① 经济理论常常推导出一组相互联系的方程，其中一个方程的解释变量是另一个方程的被解释变量，从而形成了联立方程组（陈强，2014）。第 5 章系统地归纳了地方政府采取怎样的地租"攫取-分配"策略组合以满足其"以地谋发展"的需要，进一步构建联立方程组进行实证研究。方程组中共包含三个方程：反映二产用地（SIL）的方程（1），反映经营性用地（UPL）的方程（2），反映地方政府城市建设维护支出（CME）的方程（3）。其中城市建设维护支出（CME）既是方程（3）的自变量，又是方程（1）（2）的因变量。

② 第六章系统地分析了地方政府在城市增长中"重地轻人"的偏好及其成因之后，进一步地，通过 Panel-VAR 模型，及在其基础上的 Granger 因果检验、脉冲响应函数和方差分解来进行实证检验。检验已有的城市增长中的地租收益分配是否存在着户籍壁垒：仅户籍人口能够以公共物品的形式分享到部分地租收益，非户籍的外来迁移人口则无法以此方法分享到地租收益。为了完成实证检验，分别构建两组模型：模型Ⅰ和模型Ⅱ，两个模型中分别放入出让金、公共物品支出、户籍人口，出让金、公共物品支出、外来迁移人口。通过对两组模型各自估计结果的解读，及两者之间的对比，验证理论推导得出的结论是否正确。

（4）案例研究

案例研究一直是管理理论构建和理论改进的重要研究方法（Eisenhardt，1989；Yin，2003），其研究对象是目前正在发生的事件，同时研究者对于事件不能控制或者极少能控制（李茁新、陆强，2010）。由此可见，相对于建立在对过往数据统计分析基础上的计量模型，案例研究有其独特的优势，两者之间存在着互补。因此，在本书的第七章中，在分析探究土地制度改革与城市化转型两者之间的关系时，将会列举几个案例进行对比分析，阐述在已有的土地制度改革试点地区，有着怎样的土地改革探索，对城市化发展有着怎样的影响，有哪些不足之处和值得借鉴的经验。

1.3.2　技术路线

本书研究的技术路线如图 1-1 所示。根据技术路线设计，本书将首先探究政府的地租收益分配、经济发展和城市化三者间的联动关系，剖析在土地公

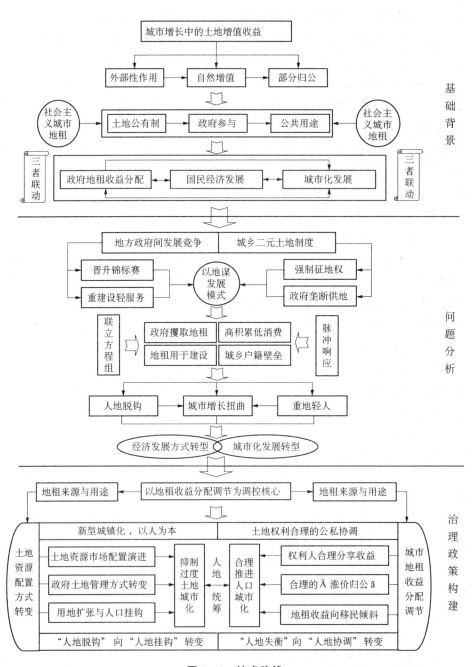

图 1-1　技术路线

有制的制度基础下，地方政府作为实际上的城市土地垄断供地者，其所攫取的土地增值收益，属于社会公共财富，其用途应服务社会公共事业。在我国，地方政府以地租的方式攫取了绝大多数的土地增值收益，并将地租收益分配作为其调控、推动经济发展的主要工具。整体上剖析了地租收益分配对城市增长的影响后，进一步地，从地租收益分配的角度来探究当下城市增长中"重地轻人"问题的形成，探究地方政府的"以地谋发展"模式背后的地租"攫取-分配"策略，地方政府作为垄断供地者，依靠政府行为而非市场配置来主导城市土地供应，从而能够最大化实现其在发展竞争中的政绩需要，但同时也导致了社会整体的福利损失，特别是导致了城市增长的"重地轻人"，并通过模型实证的方式来进行检验。最后，探究治理路径，针对政府直接垄断、主导地租分配的模式治理，探究以土地权利公私协调的路径进行治理，推进城市增长中的"以人为本"。调控政策核心在于地租收益分配调节：一方面，推动土地资源配置中的市场机制演进，减少政府对土地资源配置的干预，即对政府参与地租收益分配的方法（直接—间接）和来源（局限为自然增值，消除垄断利润）进行调控。另一方面，作为本书的重点内容，论述政府仍然需要合理参与收益分配，将城市增长中土地增值收益中的自然增值部分"归公"，并将其用于符合国民经济发展阶段性需要的用途，而在我国现阶段推进新型城镇化以带动经济转型的背景下，则应将土地增值收益中属于社会公共因素的部分，以政府公权力抽出后用于推进农业转移人口市民化的用途，即对政府掌握的地租收益进行用途调节，从传统的将地租收益侧重于建设用途转向推进人口市民化用途。从而通过地租收益分配调节，构建"人地统筹"的城市增长调控政策体系，推进"以人为本"的城市增长，进而服务于中国宏观经济转型需要。

1.4 可能的创新与不足

1.4.1 可能的创新

（1）研究视角上，本书以城市地租收益分配调节，作为城市增长中人地问题统筹治理的出发点。探索将中国城市化发展中城市用地无序扩张与农业转移人口市民化滞后这两个方面进行统筹分析，理清两者间存在的互动关系而不是将其视为彼此孤立的两个方面。

（2）针对地租收益分配导致的城市增长扭曲问题，本书提出相应的增长调控政策应以土地权利公私两个方面合理协调为原则，论述了在公有制框架下的地租收益分配调节，如何能够兼顾土地资源配置效率提升与地租收益分配的"以人为本"，从而能够在市场机制下充分发挥土地公有制的制度优势，丰富了社会主义城市地租相关理论内容。

（3）本书在城市增长调控的政策体系构建中，尝试着将人口增长与用地扩张之间、地租收益分配和人口市民化成本之间实现"挂钩"，从而在传统城市土地调控政策中加入了人口市民化的相关目标和内容，丰富并拓宽了土地资源管理学科的内涵与外延。

1.4.2　可能的不足

（1）由于获取数据的渠道有限、相关数据统计口径单一等问题，本书在数据使用上存在一定的不足。计量模型仅以省级单元为对象进行了实证检验，没有进一步细分到地级、县级。

（2）在地租收益分配调节的分析中，本书侧重于讨论分析在快速城市化发展阶段，地方政府在土地开发出让环节中的地租收益分配，即城市增长环节的地租收益分配，而没有详细分析土地出让环节之后的地租收益分配，如对住房保有交易环节的财税问题没有进行详细的讨论，即侧重于增量土地的地租收益分配而对存量土地地租收益分配关注相对不足。

第 2 章 文献综述

对已有的相关研究进行系统的回顾、学习、总结，有助于本书研究工作的开展，且能够避免重复的工作。所以，在本章中将会对相关的国内外研究进行综述，以奠定本文的研究基础。

2.1 垄断供地者、发展竞争与土地城市化过快

现行的政绩考核制度过分注重地方领导任职期间招商引资、财政收入和GDP 增长情况。地方政府对稀缺资源的控制，则能够保证地方政府的意愿变成现实（北京大学中国经济研究中心宏观组，2004）。地方政府在发展竞争（周黎安，2007）的驱动下，依靠大规模土地开发出让推动短期过度繁荣和政府高额收入（王小鲁，2012）。而强制的征地权则成为地方政府推动城镇化的一把利器（周其仁，2013），土地征用中存在着公共利益限定不足的问题，从而为政府滥用土地征用权创造了条件（汪晖，2002），使得对公共利益进行解释成了相关政府职能部门和主要行政领导的自由裁量权（黄东东，2003）。进一步地，依托征地权力和二元土地制度，政府成了城市建设用地的垄断供给者（张耀宇、陈利根，2016）。政府强力的介入城市土地资源配置之中，从而产生了城市无序扩张、低效用地等问题。大城市呈"摊大饼"式发展，中小城市用地浪费严重（刘志玲等，2006）。

具体而言，城市土地过度与无效率扩张背后的政府行为可以归纳为两类：

2.1.1 引资竞争、土地价格扭曲与效率损失

在发展竞争的环境下，服务于招商引资的需要，作为城市土地唯一供给者的地方政府虽然表面上对工业用地出让采取"招拍挂"的方式，但工业投资的流动性以及缺乏区位特质性，使得工业用地的出让属于"供给方竞争"，必然会出现地方政府为吸引投资而有意提供优惠条件，如压低地价、提供基础设施

补贴等让利行为（陶然、汪辉，2010）。在城市化进程中，地方政府为了实现经济高增长的目标，扭曲土地价格、低价供地以降低其招商引资项目的成本，从而导致在某些行业中由于投资过度造成产能过剩问题，导致大量的资源浪费（经济增长前沿课题组，2005），同时也导致各地方产业同构和重复建设（唐在富，2007）。而且，由于这样的拿地供地方式难以反映真实的农地非农化成本收益，进而导致土地非农化的效率损失（谭荣、曲福田，2005、2006a、2006b、2006c）。2002 年，中国的土地投资密度为 1.12 亿美元/平方公里，远落后于日本、韩国、英国等同样人多地少的国家，其中，2004 年，英国的投资密度为 131.89 亿美元/平方公里，中国与之相差百倍之多（国土资源部信息中心，2006）。根据国土资源部的报告，全国开发区有 43% 的土地处于闲置状态（常进雄，2004）。而且由于政府对招商引资的偏好，使得城市中工业用地与居住用地结构之间也出现了严重的不协调，日本三大都市圈的居住用地是工业用地的 6 倍，法国的居住用地和工业用地的比例是 5 比 1。而我国的居住用地与工业用地的比例是 1.5 比 1[①]。2010 年，我国城镇用地中工矿仓储用地占比为 26.15%，相比之下，纽约为 7.48%、我国香港地区为 5.96%、伦敦为 2.7% 和新加坡为 2.4%（朱明海，2007），中国城市用地中工矿仓储用地的比重明显偏高。

2.1.2　城市地租攫取与政府土地财政形成

土地财政的成因可以追溯到财政分权，90 年代初期，财政"分权让利"的政策使得中央政府的经济调控和行政管理能力大大下降（王绍光，1997）。于是，1993 年，政府出台了《国务院关于实行分税制财政管理体制的决定》，实行了相对较为集权的分税制体制，此后，中央财政不但独立于地方财政，而且地方财力的近 1/3 需要中央财政以拨付转移支付的方式进行补助（周飞舟，2006）。然而，分税制制度设计上存在着缺陷，导致了各级政府对事权的推诿和由此而产生的矛盾在基层的积累，政府行为的商业化和机会主义倾向，地方公共品提供的分散化和小型化，地区差距的扩大，以及政府预算约束的软化等诸多问题（姚洋、杨雷，2003）。地方政府在分税制之后的新财政格局中，可控的收入来源主要有两个：其一是土地出让收入，其二是

---

① 数据来源自中央财经领导小组副主任杨伟民在 2013 年中国城镇化高层论坛上的演讲。（http：//www．ccud．org．cn/cszx/csjs/2013czhlt/201304/02/t20130402 _ 685443．shtml）

通过城市扩张来增加地方政府可支配税收，如建筑业和房地产业的营业税和所得税等地方享有的税收（蒋省三等，2007），这就为日后的土地财政埋下了伏笔。

土地财政的形成源自地方政府对土地用途农转非过程中地租的攫取，温铁军、朱守银（1996）的研究发现，在土地征用出让的过程中，如果以成本价为100，农民只得其中的 5%—10%，村级集体经济得 25%—30%，60%—70%为政府及各部门所得。政府部门在征地补偿标准的制定上，没有考虑市场因素，纯粹是一种政策性的补贴，带有计划经济时代的痕迹（鲍海君、吴次芳，2002）。根据计算，改革开放以后，通过低价征用农民土地最少使农民蒙受了20 000 亿元的损失（王海明，2003）。2013 年，全国公共财政收入为129 143亿元，其中地方政府本级财政收入为 68 969 亿元，而同年的土地出让收入高达 41 250 亿。同时，由于城市用地扩张推动的房地产业和建筑业的发展，这两大行业缴纳的税收已经成了地方财政预算内收入的支柱（中国土地政策改革课题组，2006）。可见，无论预算内外，土地财政都已经成为名副其实的"第二财政"。巨大的土地增值收益使得政府在推进农地非农化上有利可图，在经济发达地区，通过土地非农化获取制度收益（政府获取的出让金及税费等收入）已经高于农地非农化带来的经济发展收益，制度收益已经成为政府推动土地非农化的主要驱动力（杨志荣、吴次芳，2008）。政府征地价格与市场价格存在剪刀差，补偿价格完全基于政府政策而与市场无关，而且与土地的市场价值和农民的预期偏离非常之大（刘浩、葛吉琦，2002），这一不公平自然会成为社会矛盾的导火索。

同时，地方政府凭借对土地市场的垄断供给者地位，可以通过差别化的供地方式来兼顾引资与财政收入：一方面，在国内资本稀缺的情况下，地方政府以压低地价的方式吸引外商投资（陶然等，2007；吴群、李永乐，2010）。另一方面在商住用地上则尽量提高价格获取收益，并对低地价引资带来的损失进行补贴（陶然等，2009），凭借商住用地支撑起整个土地财政，进行城市化扩张与美容（华生，2013）。土地财政和晋升激励成了激发地方政府推动房价上涨的两大动力，房价上涨产生了"棘轮效应"（王斌、高波，2011）。进而形成了以低地价支撑高速工业化、土地资本化支持快速城市化的"以地谋发展"模式（刘守英，2012）。在这样的发展模式下，城市用地出现了整体上的无序蔓延与扩张：我国城镇人均用地面积从 2000 年的 117.1 平方米/人增加到 2008

年的 133.9 平方米/人（王世元，2014），远高于发达国家的 82.4 平方米/人和发展中国家的 83.3 平方米/人（方烨，2006）。

2.2　集体土地制度、劳动力迁移受阻与人口城市化滞后

在我国目前的农村土地制度的框架下，农村土地的产权存在着所有权主体缺失（王海杰，2007）、使用权的权能不完善（高慧琼等，2005）等诸多问题。残缺的农村土地产权对农民迁移造成了负面的影响：土地承包权具有所有权分享的性质，对于农民而言既是生存保障，也是一种带来利益的权利，在没有有效的转让或资本化的市场情况下，农民即使已经实现非农就业也不会放弃承包地，所以总的来看，当下的农地制度不利于劳动力的彻底脱农（黄祖辉、鲁柏祥，2000）。农村土地承包权的不稳定、土地使用权流转的困难，不可能使农民将土地产权作为财产变现，成为他们在城市赖以生存的保障或创业的资本（王友明，2009）。宅基地方面，同样受限于国家法律的规定，不能自由流转，这限制了农民房屋财产权的实现，使一般构成农民主要财富形态的房屋成为不具有基本市场价值的"死资产"，也限制了农民增收及其市民化的进程（张云华，2011）。所以，长期离开农村的人无权出售自己的土地，无法获取一笔进城定居所需的资金（文贯中，2014a）。土地资源禀赋不具有可交易性和不可置换性，造成农村移民迁入城市的高安置成本（张良悦，2011）。同时，地方政府对于主动吸纳外来务工者为市民也缺乏兴趣：从成本收益方面来看，现有的城市财税构成（增值税、商业税、土地出让金为主）导致地方政府偏好于招商引资，而对吸引移民成为正式城市居民没有兴趣（Henderson，2009b）。所以，对于主导了城市化发展的地方政府，为了降低其在经济发展中的成本，自然不会有动力去主动市民化外来务工者（华生，2012）。在自身能力动力与外界支撑皆不足的情况下，我国现阶段的农村劳动力虽然能够流动、走出农村，但是却往往难以实现在务工地的正式定居（张良悦，2011；蔡昉，2001），城市化发展"要地不要人"（陶然、曹广忠，2008）。而农业转移人口的市民化滞后，即人口城市化滞后，将会对国民经济发展产生不可忽视的负面影响：

2.2.1　城市人口规模不足导致城市集聚效应受损

根据中国国际城市化发展战略研究委员会（2014）发布的《2012 年中国

城市化率调查报告》①，2012 年以户籍人口为统计口径计算的城市化率仅为
35.33%，同年，国家统计局公布的以常住人口为统计口径的城市化率则为
52.57%，户籍人口城市化率、常住人口城市化率，这二者相差达到 17 个百分
点之多，说明大量的农村劳动力仍处于城乡间往复迁移的状态，没有在城市中
实现安家落户、正式定居。在户籍制度限制下，会出现城市新移民的本地化趋
势，但移民高度本地化的结果是分散的城市化，使得中国大多数城市的规模太
小，城市集聚经济受损，从而限制了城市生产力的提高（Henderson，2003、
2009b）。真实的城市化发展滞后，包含巨大的经济成本，特别是就业增长成
本和社会福利损失成本，这种滞后最终将制约结构转型和经济持续增长
（Chang 和 Brada，2006）。

2.2.2　农民市民化受阻导致城乡差距扩大

经济发展、城市化会自然而然地通过减少农村人口的方式减小城乡间不平
等（万广华，2008a、2008b）。所以，在执行一系列惠民政策的同时，如果不
注意帮助农村富余劳动力走出农村，不改变资源配置的巨大错位，惠民政策就
可能成为治标不治本的"缓解药"（白南生、李靖，2008）。无论是刘易斯
（1954）的二元经济理论，还是西蒙·库兹涅茨（1955）提出的"倒 U 形曲
线"，以及其后鲁滨孙（1976）对"倒 U 型曲线"的论证中，都提出了在工业
化和城市化经济增长的过程中，存在一个城乡收入差距先扩大后缩小的过程，
其中鲁滨孙（1976）专门提出，如果城市部门的分配差距大于农村部门，则总
收入分配差距是城市人口比重的二次函数，当城市人口比重达到 50% 以后，
总收入分配差距会出现下降。但是，由于农民市民化的道路受阻，我国现阶段
的城市化发展却出现了违反库兹涅茨曲线的情况，城市化的发展扩大而非缩小
了我国的城乡收入差距（Henderson，2009b）。

2.2.3　农村人地比例难以降低导致农业现代化发展受阻

农业现代化、农地规模化经营的实现，需要通过城市化减少农村人口、提
供外部市场环境。也只有在大多数的农民不再依赖土地为生的情况下，可供进
入市场流动的土地总量才能大幅度增加，而且较高的经济发展水平亦可为市场
发育提供必需的资源（龚启圣、刘守英，1998）。历史已经证明了，无论是唐

---

① 数据源自公安部治安管理局，不包含港澳台地区。

宋时期政府定期分配、收回土地，还是唐宋以后直至近代土地完全私有化、市场化，中国不仅始终存在土地细碎化现象，而且有不断加剧的趋势（赵冈，2003）。在人地比过高的情况下，通过改善土地产权制度安排、完善土地流转市场以消除土地细碎化、促进规模经营的做法，在现实中往往由于土地交易成本远远超过地块的规模经济而导致难以实现（王兴稳、钟甫宁，2008；钟甫宁、王兴稳，2010）。且当农村人口向非农产业和城市转移受阻后，农村人口与土地、资本等资源的占有关系就会恶化，财富分配矛盾也越来越尖锐（马晓河，2004）。所以，在农业人口转移滞后，农村人地比例过高的情况下，农业自然难以走向规模化、现代化。

2.3 城乡二元土地制度改革与城市化转型

中国城市化进程中存在着深刻的土地制度问题：既包含了城市内部的土地制度问题，也包含了农地向市地转换过程中的相关制度问题，以及农地制度导致的劳动力转移和投资问题（汪晖，2002）。所以，针对城市化发展中土地问题的调控政策，也应该围绕这几个方面展开。

2.3.1 城乡一体化土地市场完善与地租分配调节

依据诺瑟姆（1979）曲线，城市化率达到30％以后，进入城市化的快速发展时期。快速城市化将导致巨大的土地非农化需求，产生出巨大的土地增值收益：在快速发展地区，城市增长土地溢价可占总土地价值的50％（丁成日，2008），根据 Mills 和 Hamilton（1984）的估计，如果城市人口增长为2％的话，城市土地溢价占土地价值的27％，如果增长速度为4％，那么增长土地的溢价占总土地价值的比例为59％。而如何处置如此巨大的财富分配问题，自然是一个关乎城市化发展效率与公平的重要问题。

目前在土地征收中，由于农地产权制度不完善导致农民在土地增值收益分配中占有的比例过小，多数学者因此对现行的征地补偿标准持批判态度，认为虽然存在土地"涨价归公"，但是"涨价归公"不能等于完全归公（黄祖辉、汪晖，2002）。而且农民的权利本身有其价值，其放弃权利也是有代价的（周其仁，2004），因此主张提升农民在农地非农化收益分配中的份额，甚至有学者（蔡继明，2004）提出，征地中的补偿应该参考征地后的用途而非原用途进行全额补偿。在国家层面上，十八大、十八届三中全会都提出了改革征地制度、提升农民分享土地收益比例、建设城乡一体化土地市场等改革目标。同时，随着改革开放以来的经济发展和城镇化水平的提高，城市郊区和经济相对发达的乡（镇），农民集体所有的建设用地流转逐渐盛行。农村集体建设用地流转已经是大势所趋，成为不容回避的难点、热点问题（李元，2003）。土地资源的稀缺性决定了集体建设用地流转的必然性，因为土地资源这种稀缺的资源只有流动起来才能得到有效的配置（曲福田、黄贤金，1997）。集体建设用地流转有利于推进农村的工业化和城镇化进程，保障农民权益，进而促进社会经济的发展（叶艳妹等，2002；蒋省三、刘守英，2003）。城乡非农建设用地市场制度从分割走向整合能提高社会总福利水平，诱致着经济当事人进行制度创新（钱忠好、马凯，2007）。

从优化资源配置的角度来看，以市场为基础的土地流转方式比行政调配的方式能够更好地实现土地利用效率（Klaus Deininger etal.，2006）。土地资源配置的市场化能够显化城市用地扩张的真实成本（Henderson，2009b）。而市场机制缺失、政府垄断土地市场则会导致非农用地的效率损失（谭荣、曲福田，2006c）。非农建设用地市场中竞争机制的加强和完善能够实现非农建设用地交易利益的帕累托改进（钱忠好、马凯，2007）。而且，建立城乡一体化建设用地市场，能够盘活规模巨大的存量农村土地资源进入市场。2002 年，城市人均建设用地 74 m²/人，设市城市以下居民点人均用地 177 m²/人，如果设市城市以下居民点建设用地也像城市一样的高效集约利用，现有居民点建设用地能够满足 25 亿人口居住就业需求（黄大全、郑伟元，2005）。2006 年，根据国土资源部土地整理中心的数据，我国村镇建设用地的总量是城镇建设用地总量的 4.6 倍，农村居民点人均建设用地 185 平方米，远远超过国家标准，且用地布局散乱、分散无序、粗放利用严重（林嵩，2006）。

从社会公平方面来看，一些学者的研究也证实了土地市场机制的引入有利于缩小城乡居民的收入差距，如邢亦青（2011）的研究发现，成都的城乡居民收入差距缩小的原因是成都强化了市场机制在配置土地资源中的功能，采取了还权赋能城乡统筹的举措，动用土地增值的地方收益实现城乡统筹。钱忠好、牟燕（2013）的实证研究则证明，当土地市场化水平达到时 25.33%，城乡居民收入差距达到最大，当土地市场化水平大于 25.33% 后，城乡居民收入差距开始缩小，而中国大多数地区的土地市场化水平仍处于 25.33% 之下。而与推进土地资源市场化配置相对立的，也有学者认为现有的土地制度安排下，以土地出让金为主要形式的土地财政保障了城市化的快速发展，而一旦斩断土地财政，则有可能导致城市化发展财政支撑不足，从而陷入"劣质化"（贺雪峰，2013）。整体上来看，农民分享更多的土地非农化增值收益，是学界更为普遍接受的主流观点。

2.3.2　地租分配调节与农业转移人口市民化：学者们的争议

根据德·索托（2007）的观点，农民往往拥有比较丰富的资产，农民不是缺少资本，而是缺少一套使资产转化为资本的产权制度。在如今，土地作为农户维持生计和增加收入的职能逐步削弱，其作为保障和财富的功能日渐强化，土地职能的转变要求土地产权完善以提升可交易程度和交易效率（黎元生，2007）。所以，有学者认为（周其仁，2013、2014）赋予农民更多的土地权利、推进"还权赋能"的土地产权完善，有利于推动劳动力迁移。而农民在出售土地时获得的补偿能够成为其前往城市时候的安家费（杨小凯，2002）。农民能够将其财产变现，实现"带资进城"（潘家华，2013）。但是，姚洋（1999）则认为，农民出售土地这种方法只能解释土地价格水平较高的、城市郊区的农民的情况，但是，它并不是阻碍落后地区劳动力转移的主要原因。这是因为，城市化带来的巨大土地增值并不是均匀分布在所有土地之上，而是仅仅集中在一小部分的城市和城郊土地之上，与城市化过程中来自广大农村的巨量人口迁移恰好是逆向配置（华生，2013）。有鉴于此，姚洋（2002）指出，存在土地转入非农用途预期的农民会惜卖等待价格上涨，不存在非农预期的土地因价值不大而难以促进农村家庭向城市搬迁。进一步地，对于农村土地产权与劳动迁移之间的关系，姚洋（1999）提出了相反的观点：个人化程度较低的集体土地产权制度通过均分的形式向集体成员提供了保障功能，从而促进了劳动力的流动。陈会广（2011、2012a、2012b，2013）系统地论述了土地承包权益对农民工城乡迁移的作用，认为土地承包权益对农民工群体有着收入—保障功能，特别是保障功能为农民工提供了退路，使其"进能务工、退能务农"，灵活就业，并进一步提出，只要户籍、城镇社会保障仍然是农民工市民化的制度障碍，只要土地的社会保险功能仍起作用，那么，面向农民工市民化的土地退出机制设计就必须受此约束而不应贸然推进。同样地，姚洋（1999）也认为，对那些已经在城市找到工作的人来说，没有在城市完全安定下来之前，让他们卖掉土地是不可能的。

可见，已有的学者研究中对农村土地制度改革对于劳动力迁移所起到的作用有着不同的看法。从现实来看，根据由国家统计局发布的《2013 年全国农民工监测调查报告》，在 2013 年，全国的农民工总规模达到 26 894 万人，其中有 16 610 万人为外出农民工①,其中 7 739 万人跨省流动,其中 64%集中在地级市及其上。在跨省流动农民工中,东部地区跨省流出农民工 882 万人,72.6%仍在东部地区省际流动;中部地区跨省流出农民工 4 017 万人,89.9%流向东部地区;西部地区跨省流出农民工 2 840 万人,82.7%流向东部地区,合计流向东部地区 6 602 万人,占跨省流动的 85.3%。可见,我国现阶段的劳动力城乡迁移中呈现出非常显著的异地迁移、中西部地区向东部地区流入的特点,以及迁移人口向大中城市集中的趋势。学者们(华生,2013;贺雪峰,2013)所担心的,城市化带来的地租收益仅集中于部分城郊地区,只有少量城郊农民可以通过市场交易分享到地租收益,顺利市民化,而大多数农民则无法获取地租收益,只能将其土地以较低的农用地价格出售,对其市民化并无明显的帮助,并非杞人忧天,反而有着深刻的现实意义。所以,有学者(张良悦,2011)已经意识到了,对农民土地资产退出的补偿不能按照资源本身的价值去补偿,而应该按照迁入地户籍的福利包去补偿。然而,若是按照这样的标准进行补偿,那么所需经费该如何筹集、分担,则成为一个不可回避的问题。

有鉴于此,陶然、徐志刚(2005)指出,缺乏永久迁移的不完全城市化、农村土地产权的不稳定性以及城市化、工业化过程中的农地征用这三个重大问题存在着彼此间紧密联系,需要用一个整体性的思路来进行分析,并提出了在构建一体化城乡建设用地市场的同时,抽取 40%的土地增值税专项用于解决农民市民化的成本问题。相同地,华生(2012、2013)也提出了城市化发展中土地问题与人口迁入问题相挂钩,土地增值收益向新迁入人口倾斜分配的观点。华生(2013)还进一步地总结了,如果抓住了发展中国家城市化、现代化转型中土地开发权这个财富分配的主导线索,缩小城乡差距、公平分配财富、发挥城市规模经济、政府对经济租金的有效管理以及有效提供保障市场经济有效运行的公共物品供给,这些目标和努力就可以成为一个同向协调的运动。相对应,从国际经验来看,拉美诸国在城市化发展的过程中,土地资源稀缺性凸显,地方政府实行土地财政,追求土地税收来增加收入,推动地价、房价一再攀升,而对于低收入人群的购房问题没有相对应的土地储备来供给保障,从而导致了住房短缺与贫民窟问题(郑秉文等,2011)。而现阶段这一问题也同样存在于我国,政府土地财政问题日渐凸显,同样,住房成本过高是农民工群体

---

① 指在户籍所在乡镇地域外从业的农民工。

落户的主要障碍，越是大城市，落户的成本越高（陈广桂，2004；陈广桂、孟令杰，2008）。有鉴于此，在城市土地开发中，给予城市中新移民更多的关注，让移民群体分享城市发展的地租收益而不是承担高地价、高房价这样其本身难以负担的市民化成本，确实是城市土地政策中不可忽视的问题。

2.4　已有研究评述

通过文献回顾可知，针对城市化发展中的土地问题和人口问题，在已有研究中，学者们讨论了征地制度改革、城乡一体化市场建设以及农民土地产权完善，并且意识到了，土地资源配置的市场机制完善、缩小政府对土地资源配置的干预，能够解决城市化发展中土地资源低效率投入、无序扩张、政府土地财政依赖等问题；以及通过完善农民土地权利的方式能够促进农民迁移、推进农民市民化。但是，由于城市化发展带来的巨额地租收益只集中于城市周边固定区域，所以仅有城郊部分的农民土地能够有较高的市场价格，单纯地依靠土地产权完善、推进市场机制并不能使得全部的农民工群体分享到城市用地扩张的地租收益，也不能完全解决农民工群体异地迁移定居面临的落户成本问题。所以，考虑到我国处于快速城市化发展阶段、土地成为社会财富的主要载体这一现实背景，城市土地开发中的地租收益分配与城市中新迁入移民的可融入之间存在了重大关联：城市一级土地开发的过程中，应该考虑城市中移民群体落户安家的问题，将部分地租收益用于解决农民市民化的成本问题。但是，已有研究中只有较少的学者关注到了这一点并进行相关的探讨，对于城市化发展中"人"与"地"这两个方面所存在的重要联系，尚缺乏系统的、将二者统筹分析的、以地租收益分配为核心的研究。

有鉴于此，本书尝试着将城市增长中的土地问题和人口问题统筹分析，以地租收益分配调节为核心，探索将地租收益分配与人口市民化相挂钩，构建以地租收益分配调节为核心的农民市民化的财务支撑，让城市新迁入人口能够更好地分享城市发展的收益；将人口城市化的发展目标嵌套在传统的城市土地调控政策之中，构建符合中国国情和发展需要的城市增长调控政策体系。统筹地解决城市化发展中"人""地"两个方面的问题，从而在抑制城市用地无序扩张的同时推动合理的人口城市化，有效促进中国城市化发展中的人地关系协调发展。

第 3 章　理论基础、概念界定与分析框架

3.1　理论基础

3.1.1　财政分权与发展竞争理论

第一代的财政分权理论始于 1956 年 Tiebout 的论文，其中提出了"用脚投票"（vote whit their feet）的经典理论，即当居民对地方政府提供的公共物品不满时，则会自由搬迁到其他地方，用脚做出投票的选择。基于 Tiebout（1956）基础上发展起来的早期的分权理论，钱颖一等人发展出第二代财政分权或财政联邦理论（Oates，2005）。第二代的财政分权理论中集结了经济学和政治学的元素，不再局限于公共财政的话题，而是将视野转向了地方官员在维护市场、促进竞争与推动经济增长中的激励和行为（张军，2007）。学者们运用该理论开始解读中国经济的高速增长之谜，钱颖一等人（1995、1996）认为，中国的分权改革使不同级别政府间形成了一个十分类似于西方联邦主义（fedearilsm）的政治结构，正是这个结构确保了市场化的顺利进行，他们由此提出了"保持市场化的联邦主义（Market-Preserving Federalism）"的概念。钱颖一和 Wiengas（1997）进一步地指出，区域政府间的竞争也限制了官员的掠夺性行为，因为要素（特别是外资）可以用流动的方式来躲避地方政府的过度管制。同时，要素流动还增大了地方政府补贴落后企业的机会成本，从而促使后者预算逐渐硬化。

但是，自分权改革以来，中央和地方的管理权限的划分一直处于调整和变动之中，但地方政府的增长激励为什么几乎不变？（张军，2007）于是官员的晋升激励与区域间经济发展之间的紧密联系，开始逐渐被学者们所关注到，成了理论探索的新方向。较早的研究中，薄智跃（Bo，1996）对省委书记的仕途变化进行了计量研究，发现 1978 年之后，辖区的经济规模、人口规模以及

对中央的财政贡献才是影响省级领导晋升的最直接因素，而经济增长业绩对省级官员的晋升无显著影响。Maskin 等（2000）以各省人均中央委员数量来代表本省官员的晋升机会，以中共全国代表大会前一年各省经济增长率的全国排序来代表官员的经济增长业绩。计量结果表明，中国地方官员之间可能存在基于经济增长业绩的晋升标尺竞赛。其后，周黎安则系统地提出了一个官员晋升锦标赛的理论，来系统地分析解释地方政府经济发展竞争的行为。周黎安（2007）认为，"中国特色的联邦主义"假说的一个重要方面是强调其维护市场（market-preserving）的功能，但分权改革以来中国的市场始终存有诸多问题，且中国治理地方官员的激励模式在深层次上与市场经济的培育和发展有着内在的矛盾，因而应从一种新的角度来进行解释，他提出，从 20 世纪 80 年代开始的地方官员之间围绕 GDP 增长而进行的"晋升锦标赛"模式是理解政府激励与增长的关键线索之一。进一步地，周黎安运用该理论分别解释了地方政府之间地方保护主义、重复建设（周黎安，2004）、行政区交界处贫困问题（周黎安、陶婧，2011）、政治周期（党代会召开）与地政府资源配置效率问题（周黎安等，2013）。在周黎安的基础上，有学者（杨其静、郑楠，2013）将官员晋升竞争的模式，从"锦标赛"模式改为较为宽松的"资格赛"模式，即基于经济增长业绩的竞争，可能只是一种非常宽松的晋升"资格赛"，而非严格排序的"锦标赛"模式：在实证检验的结果中，仅仅发现经济增长率省内排名前十的市委书记可能比其他市委书记享有更多的晋升机会。但在"资格赛"的晋升竞争模式中，经济发展依然是一个不可忽视的重要因素。

3.1.2　地租理论

（1）李嘉图级差地租理论

西方古典经济学的地租理论，最早见于英国古典政治经济学创始人威廉·配第的著述之中，其后的学者们如杜尔阁等也有研究。到了李嘉图时期，关于地租的研究才奠定了初步的理论体系。李嘉图运用劳动价值论为基础，建立了级差地租学说（刘书楷等，2006）。李嘉图认为地租的存在必须满足两个条件：土地的有限性，土地在沃度和区位上具有特殊便利。按照土地的特性，土地可分为优中劣不同等级。其中，农产品的价值是由耕种劣等土地的最大劳动耗费量得出；同时，由于优中等土地在等量于劣等土地的劳动投入情况下，能够比劣等土地产出更多的农产品，因此可以获得超额利润（李嘉图，1976）。此外，李嘉图还考察了同一块土地上追加劳动和资本会导致劳动生产率不同所产生的级差地租，他认为土地报酬递减也会带来级差地租。从这一点来说，他对级差地租Ⅱ也做了考察（赵一、李娟娟，2011）。

（2）图能和阿朗索的级差地租理论

德国农业经济学家图能，是李嘉图之后的资产阶级古典地租理论的重要代表人物。图能在其著作《孤立国》中提出了著名的"图能圈"模型，不同于李嘉图，图能对级差地租的解释侧重于土地的区位与地租之间的关系。图能（1826）认为，在土地沃度、劳动生产力处处相等的情况下，农产品的价格等于生产成本加上运费。因此在每宗地的竞价过程中，某种作物在某一区位能够给出的地租是与更远的位置相比较，要考虑到该区位在其产品运输成本上的节约量。依据图能的理论，某产品的产地价格等于中心市场价格减去产地到中心市场的运费，即区位地租。所以，假定运输成本与生产距离成固定比值，则凡是产地与中心市场等距离者，其产品价格也必然相等，且生产价格依照其与市场的距离按固定比例下降，不同价格产品的区位选择从而形成若干个同心环。

在图能的基础上，阿朗索将孤立国农业土地利用的分析引申到了城市之中，用以解释城市内部的土地用途和地价问题。阿朗索同样假设城市活动（包括居住和产业）在交通和地形方面都是各向同性的平原上进行的，越接近城市中心（唯一的市场或就业中心），则支付的交通成本越少。而某一位置的土地用途取决于经济主体竞价，在土地供求均衡之后，围绕着城市中心，出现了商业、居住、工业和农业的土地用途区分，并匹配了由竞价得出的地租水平（阿朗索，1999）。

（3）亨利·乔治的"涨价归公"地租理论

19世纪，美国学者亨利·乔治提出土地"涨价归公"的观点，中国革命之父中山先生受其影响，在其革命纲领中提出了"平均地权"的目标。亨利·乔治的学术观点主要在其著作《进步与贫困》（亨利·乔治，2010）中，其书中首先提出了一个问题：为什么物质进步带来的是广泛存在的贫困？围绕这一问题，作者先后驳斥了当时学术界主流观点中的"工资学说"：工资来自资本的预付，是资本中拿出一个既定的额度来给予劳动者，劳动者数目上升导致工资减少。"马尔萨斯学说"：人口增长的速度要快于食物增长的速度，前者是"几何级数"，后者是"数学级数"，也即人口增长将导致贫困。从而提出"生产力的巨大增长，使众多生产者只能得到产品最小的份额并愿意靠着这些份额生活的原因不是资本的原因，也不是自然给予劳动报酬的局限。由于原因不能在控制财富生产的规律中找到，它一定能在控制财富分配的规律中找到"，也即贫困的原因应该从分配中寻找。

进一步地，通过对生产的三要素：土地、劳动、资本所对应的收益分配方式：地租、工资和利率的分析得出，"地租吞噬了全部收益，而贫困伴随着进步"。享利·乔治从而提出："我们必须以土地公有制取代土地私有制。此外没有任何办法去除弊端的根源——没有其他任何办法可寄托一丝希望"。最后，享利·乔治给出了一个十分激进的改革办法，"取消地价税之外的全部税收"，"充公全部地租"，"我们可以不动声色地收取地租为国家使用，以维护土地的公有权"，一国的政府仅仅征收单一的地价税，也即将土地涨价全部归公。

（4）马克思主义地租理论

马克思主义的地租理论是建立在对李嘉图为代表的资产阶级地租理论批判的基础之上。马克思将级差地租分为级差地租Ⅰ和级差地租Ⅱ，前者取决于沃度和区位条件，后者来自对同一块土地连续投入等量资本所产生的生产率的差别而形成的（刘书楷等，2006）。同时，马克思还首创了绝对地租理论：由于土地资源的稀缺性，会有大量租借不到优等地和中等地的农业资本家，只能选择租种劣等地来生产经营，他们也必须向土地资本家缴纳一定的地租，这部分地租就是绝对地租，即完全由土地私有制导致，即使是最劣等的土地也需要支付地租。绝对地租的实现仅仅需要凭借土地所有权，即"土地所有权本身已产生地租"，"单纯法律上的土地所有权，不会为土地所有者创造任何地租，但这种所有权使他有权不让别人使用它的土地，直到经济关系能使土地的利用给他提供一个余额"。（马克思，2003）。资本主义地租是农业资本家租种地主的土地而向地主支付的租金，它是农业工人所创造的超过平均利润以上的那一部分剩余价值，即超额利润（《马克思主义政治经济学概论》编写组，2011）。有鉴于此，在其所提出的无产阶级革命纲领中，马克思提出"剥夺资产，把地租用于国家"，恩格斯也提出"消灭土地私有制并不要求消灭地租，而是要求把地租——虽然是用改变过来的形式——转交给社会。所以，由劳动人民实际上占有一切工具"（中共中央马克思恩格斯列宁斯大林著作编译局，1972）。

（5）社会主义城市地租理论

虽然马克思（2004）也提到了"在迅速发展的城市内……建筑投机的真正对象是地租，而不是房屋""建筑本身的利润是极小的；建筑业主的主要利润，是通过提高地租，巧妙地选择和利用建筑地点而取得的"等观点。但是，马克思的地租理基本上是一个农业地租的理论。虽然马克思也曾涉及城市地租，但未能提出一个完整的、真正独立的城市地租理论（孟捷、龚剑，2014）。新中国成立初期，由于受到马克思地租理论过时论的影响以及实行高度集中的计划经济体制，学术界对社会主义地租，几乎普遍持否定的态度（陈美华、李建建，2015）。但是，只要存在商品货币关系，即使国家实现了土地国有化，价值规律还必然在全社会范围内起作用，仍然存在着土地所有权的垄断和土地经营权的垄断，"虚假的社会价值"就不会消失（洪银兴、葛扬，2005）。改革开放之后，旧的与计划经济体制相适应的城市土地使用制度，不能再继续下去了，必须承认在社会主义土地公有国有条件下，地租依然存在这个客观事实（戚名琛，1994）。相应地，社会主义地租的理论建设、特别是不断推进有偿使用的城市土地的地租理论建设工作就变得迫在眉睫。

土地当作商品让渡，实质上是出卖地租的索取权，因此土地价格无非是地租的资本化（李秉，1995）。对于社会主义城市地租的产生，其原因可以归纳为：前提条件——土地所有权和使用权相分离，客观基础——土地租赁，客观经济条件——社会主义商品经济，这三者的作用下产生了社会主义地租，且社会主义地租随着社会主义商品经济而发展（陈征，1993）。在社会主义国家中，同私有制条件下依靠土地所有权和经营权的垄断、无偿占有他人劳动的土地经济关系不同，由国家将土地使用者利用土地自然条件而带来的财富通过收入分配集中起来，然后再用于全社会，为全社会谋福利，这是社会主义城市级差地租的实质所在（陈征，1995a）。把地租作为经济杠杆，同价值、价格、利率、税收共同作为宏观调控的手段，有利于对城市土地进行经营管理（陈征，1993）。尊重地租规律，国家收取城市土地级差地租、垄断地租，有助于提升用地效率、避免企业投机土地、促进企业公平竞争（陈征，1995a、b）。国有土地批租，国家获得一笔地价款的同时，社会还通过这块地聚集许多倍于地价款的建设项目本身所需的投入，这对于活跃经济、繁荣社会，意义自然非同小可（戚名琛，1994）。

（6）大卫·哈维的"阶级-垄断地租"理论

20 世纪 70 年代以降，国外围绕马克思主义地租理论的讨论逐渐活跃起来。这一方面是因为马克思主义经济学在当时出现了复兴的态势；另一方面，发达资本主义国家在 70 年代普遍出现的土地及住宅价格急剧上升的局面，客观上也需要从地租理论出发，求得一个解释（孟捷、龚剑，2014）。

在 20 世纪 70 年代，大卫·哈维出版了著作《社会公正和城市》（*Social Justice and the City*），开创性地提出了"阶级-垄断地租"理论，极大地充实了马克思地租理论在城市地租方面的内容。在该书中，哈维指出，由于土地私有化，土地所有者能够对一定的"绝对空间"实现垄断，从而使得城市中形成了一种"阶级-垄断"：一方面是租房的消费者，另一方面则是房东阶级，"由于消费者没有别的选择，房东作为一个阶级就有了垄断的权力。个别房东之间会互相竞争，但作为阶级，他们展示出某种共同的行为模式。例如，倘若资本收益率下降到某个水平之下，他们将使住宅退出市场"（Harvey，1988）。以巴尔的摩地区为例，哈维（1974）对住房市场存在的"阶级-垄断地租"进行论述。而通过"租户-房东/投机者-金融机构"这样一个流程，最终是金融资本居于"阶级-垄断地租"流向的最高端；资本市场发展使得土地成了一种金融资产，资本主义的生产方式最终找到了"驯服"土地私有权的方式，土地所有者和资本家之间的阶级界限完全消失，地租和利润之间的界限也是如此（Harvey，1985）。

哈维不仅仅提出了"阶级-垄断地租"这一新的地租形式，他还进一步地探究了基于该种地租，资本主义的生产循环发生的新的变化。哈维（2011）认为，进入垄断资本主义阶段之后，都市化发展是吸收过剩资本的重要途径。在都市化发展中，"阶级-垄断地租"的形成，以及国家和金融机构支持，使得资本积累将从"初级循环"（the primary circuit of capital）转入"次级循环"（the secondary circuit of capital）[①]，资本主义将进入金融资本为主的新时代。在该时期，都市化和房地产业成为资本积累的重要方式，资本主义过度积累的问题依然存在，只不过转嫁到都市化的过程之中、形成了"次级循环"，所以，20 世纪以来历次主要的资本主义经济危机，都是以房地产市场崩溃为前兆（哈维，1985）。

3.1.3 劳动力城乡迁移理论

城市化的核心是人口的城乡间迁移，劳动力从乡村向城市集中集聚。例如沃纳·赫希（1990）将其定义为，从以人口稀疏并空间分布均匀、劳动强度很

---

① 根据孟捷、龚剑（2014）对哈维研究的归纳，在哈维的理论中，资本的初级循环是指产业资本在生产性部门经历的循环；资本的次级循环则是资本在所谓营建环境的生产中经历的循环。三级循环则包括资本对科学技术的投资，以及对劳动力再生产的投资。其中，营建环境分为两类：一类是所谓生产的营建环境，指的是用来支撑生产过程，并嵌入土地的各种物质结构；另一类营建环境则服务于消费或劳动力的再生产，被称为消费的营建环境或消费基金。

大且个人分散为特征的农村经济转变成为具有基本对立特征的城市经济的变化过程。J. Friedman 将城市化区分为城市化 I 和城市化 II 两个阶段。前者包括人口和非农业活动在规模不同的城市环境的地域集中过程，非城市景观转化为城市景观的地域推进过程；后者包括城市文化、城市生活方式和价值观在农村的地域扩散过程（许学强等，2009）。

对于劳动力城乡迁移的理论研究，早期的研究始于刘易斯（W. A. Lewis）的二元经济结构模型（刘易斯，1989），费景汉（J. Fei）、拉尼斯（G. Ranis）对刘易斯理论改进后提出了 F—R 农业劳动力迁移模（费景汉、拉尼斯，1989）。这两个模型都是建立在现代部门和传统部门区分和劳动力自由流动的基础上，根据城乡间的剩余劳动力和工资水平的均衡来研究移民问题。Lee（1966）则提出了推拉理论，认为流入地和流出地都具有使移民生活条件改善的拉力因素和不利的推力因素，推拉作用相互抵消，最终决定了劳动力的迁移。托达罗（M. P. Todaro）关于农村劳动力向城镇转移的理论和哈里斯（J. R. Arris）对托达罗的修正（哈里斯、托达罗，1960），则基于工资水平和就业概率来进行研究的。舒尔茨（T. W. Schultz）则认为，人力资本投资对移民迁移的成本与效益之间的影响很大。斯塔克（Stark）关于农村劳动力转移的相对贫困假说认为，农村劳动力是否转移，不仅决定他们与城市劳动力之间的预期收入之差，还决定他们在家乡感受到相对贫困，以及转移之后按照接受地的期望生活标准感受到的相对贫困（Stark and Taylor，1991）。

但是，在中国，支撑这些已有理论的一些前提条件并不成立或不完全成立，从而使得这些理论的应用存在着不足，亟待改进。中国特有的城乡二元制度、户籍壁垒下，制度障碍使得中国的劳动力能迁出、却不能在迁入地定居（张良悦，2011；蔡昉，2001）。基于对这些中国独有问题的认识，国内的研究者们对已有的理论进行了修正，如周天勇、胡锋（2007）指出托达罗模型中没有考虑到劳动力返回农村的可能性，并对模型进行了修正。章铮（2009）从用工年轻化和农民工失业中年化的事实出发，将托达罗模型修正为年龄结构—生命周期模型。陈会广、刘忠原（2013）对中国农村的集体土地制度进行了分析，指出中国的集体土地制度对农民外出务工起到的支撑的功能，这一点显著不同于传统的托达罗模型，因此他们将土地承包权益纳入了传统托达罗模型之中，对模型进行了中国化的修正。在更进一步的农民市民化研究中，如何克服城乡间巨大的公共服务差距，如何解决农民落户城市的住房成本，也是农民在市民化过程中要面对的最主要成本（陈广桂，2004；陈广桂、孟令杰，2008），以及在产权模糊的集体土地制度安排下，农民在家乡的土地权利如何处分，也是需要探究的重大问题。有鉴于此，如何推进农业转移人口的市民化，也即真正实现劳动力的城乡迁移，有学者（陶然、徐志刚，2005；汪晖，2002）开始从更为宏观的制度层面进行探究，将城市化发展、城乡土地制度和劳动力迁移这几个问题进行统筹分析。

3.2　概念界定

在研究正式开展之前，给出合理的概念界定，有助于理清研究的边界和目标，所以下面对本研究所涉及的相关概念进行界定。

3.2.1　地租收益与地租收益分配

作为经济学当中的一个重要概念，广义上的地租泛指各种生产要素的租金。现代经济学中，它进一步被用来表示由于政府行政干预形成的垄断所带来的超额利润（贺卫、王浣尘，2000）。土地经济学中一般所指的地租多为狭义地租，即将其定义为土地所有者凭借对土地所有权的垄断向土地使用者索取的报酬（刘书楷等，2006）。本研究中的地租收益，选择狭义的地租概念，且将其进一步限定为：在中国土地公有制的基础上，城市增长过程中，地方政府作为实际上的城市土地垄断供给者，通过土地出让、抵押等经济手段，在城市用地扩张过程中获取的土地增值收益。地租既是政府参与收益分配的方式，又是政府所获取收益的表现形式。选择如此定义下的地租收益，来作为城市增长中"人地统筹"调控政策构建的切入点，主要是基于如下考虑：

首先，地租来源于土地增值收益，是土地增值收益的表现形式（朱一中、王哲，2014）。如投资产生的土地增值，表现为级差地租Ⅱ，其他非投资因素带来的增值，表现为绝对地租和级差地租Ⅰ（朱一中等，2013）。概括而言，土地增值表现为不同形态的地租资本化（张基凯等，2010）。同时，土地租、税、费是土地增值收益实现初次分配和再分配的基本形式，土地增值收益分配首先表现为地租分配（朱一中等，2013）。基于经济关系，土地开发使用的各行为主体以地租的形式直接分享土地增值收益，如在我国，绝对地租收益由国家全部获得，级差地租是应该在国家和土地使用者之间进行分配的；但是，同时也存在着地税、地费以及政府管理手段的土地增值收益分配参与方式（张俊、于海燕，2008），这些方式在地租（初次分配）的基础上进行二次分配。

其次，在现阶段"以地谋发展"的模式下，地方政府高度依赖土地增值收益来维持其经济增长。城市增长中，土地增值收益的大部分被地方政府获取（朱一中、曹裕，2012；林瑞瑞等，2013）。而地方政府获取土地增值收益主要是通过地租的方式（朱一中等，2013）。地租既是政府参与收益分配的方式，又是政府获取的收益的表现形式。地方政府凭借垄断供地者身份，以出让、抵押方式获取的土地增值收益（出让金、抵押贷款），其规模要远高于税费方式。所以，长期以来，在城市增长环节，地方政府的主要土地增值收益是以地租方式获取的。且从数据可获取的角度来看，土地出让金数据的统计相对完善，而相关税费数据则在统计上难以满足研究的需要。

再次，地税、地费以及其他政府管理手段，其依据是国家政权、行政服务收费与政府行政权力。而地方政府以地租方式获取的土地增值收益，则是基于中国土地所有权的公有制设置，政府所获取的地租收益属于全体国民财富，对其进行调控有其独特而重大的理论与现实意义：对于转型中的中国而言，正是由于土地公有制的独特制度安排，使得土地成为政府主导转型的关键抓手和着力点（靳相木，2007）。已有的城市增长中，政府作为垄断供地者，通过攫取地租收益并将其用于推动经济高速增长，同时也造成了城市增长中人地关系不协调的问题（张耀宇等，2016a）。所以，在经济发展转型阶段，对地方政府所获取的地租收益及其分配进行调控，从而推进我国国民财富的分配调节、促进新型城镇化目标，使得由政府所掌握的、以地租形式获取、归属权社会所有的土地增值收益分配始终能够服务于经济转型发展的需要，满足社会整体的公共利益，充分体现我国社会主义土地公有制的制度优势。

所以，基于以上认识，给出上文的所提出的概念界定。相对应地，本文所研究的地租收益分配问题，也特指该部分由地方政府掌控的、以地租方式获取的、属于国民共有的社会财富的分配调节：一方面，对政府参与分配的方式及所其掌握的地租收益来源进行调节，即推动政府从直接垄断转向间接合理参与，推动土地资源配置市场化，政府回归中立、其所控制的部分地租收益还归市场主体，合理提取部分自然增值部分应"归公"的部分以消除外部性问题，而非是依靠垄断供地者地位过度攫取地租收益；另一方面，也是本文的重点和主要内容，从用途上进行调节，对政府以公权力参与、以公有制土地制度为基础获取的地租收益，调节其支出结构（如论文最后的附表 1-3 所示），使之符合经济发展转型、改革深化的需要，特别是使其从主要用于城市物质环境建设转变为人与环境的协调、特别促进农村转移人口的市民化之上（陈浩等，2015），从而克服土地增值收益中的外部性问题，保障社会公共利益，实现城市增长的"人地统筹"，推动新型城镇化。

3.2.2 城市增长调控政策

城市增长调控（urban growth Management）的相关理论与做法，主要来源自美国。这是因为在 20 世纪 50 年代后期，美国大城市开始出现郊区化现象：中心城市人口停止增长甚至出现负增长，近郊小城镇人口迅速增加；到了 20 世纪 80 年代，郊区的居住、就业人口将近占全国总数的一半；不只是居住区，新的工厂区、办公园区也纷纷在远郊建立起来，城市用地开始无序地扩张（Urban Sprawl）（Ervin，1987；张庭伟，1999）。为了对抗第二次世界大战之后快速增长的郊区化以及在环境意识和对环境问题的关注不断增长的情况，美国开始了增长管理（Growth Management）（约翰·M·利维，2003）。在早期阶段，美国州级政府的增长管理政策侧重于环境问题，如 20 世纪六七十年代的州级土地利用管理；到了现代的理性发展阶段，州级政府的增长管理政策包含一系列的社会目标和政策工具（Bengston，2004）。增长管理计划所运用的方法和技术一般都是传统规划中常见的，只是在目的和范围方面与传统规划有所区别（约翰·M·利维，2003）。

不同于美国，中国城市在确定都市空间管理的政策指向时，其目标实现的难度更大：不但涵盖了经济目标、社会公平目标，而且还要遏制地方政府的土地扩张冲动（郭湘闽，2009）。所以中国发展中的城市增长调控政策，有着不同于美国的内涵。而且在"新型城镇化"的战略目标下，城市增长调控不仅仅涉及传统的土地调控，还包含了推进人口城市化、人地统筹发展的调控目标。考虑到城市地租收益分配与人口城市化之间的关联，所以，我国城市增长中的土地调控政策绝非狭义上的土地供需管理，应是广义上的土地调控，既包括土地总供给予总需求之间的总量平衡以及各类用地结构之间的平衡，还包含了土地收益分配调控（吴次芳等，2004）。所以，本研究中的针对城市增长所给出的相应调控政策属于广义上的土地调控政策，其中以地租收益分配调节促进外来人口市民化落户安家为重点内容。

3.2.3 人口城市化

基于本文所提出的研究目标，即"人地统筹"的城市增长，能够在抑制过

快 "土地城市化" 的同时，合理推进 "人口城市化"，推进城市增长向 "以人为本" 转型。在这里有必要给出符合我国国情的 "人口城市化" 概念界定。

人口是城市的根本，在美国，主要是根据城市规模和人口密度来界定城市的范围（丁成日，2008）。在 2000 年美国人口普查时，将城市地区定义为人口不少于 2 500 人，人口密度不低于 500 人/平方公里的地区（阿瑟·奥莎莉文，2009）。同样地，在我国，现行的统计也是按照常住人口①来进行城市化统计。但是，在我国长期以来存在极为严格、僵硬的户籍制度，使得我国的城市人口中，有无户籍的两类人在城市市民权利方面存在着严重不平等的问题，外来务工人口，特别是农民工群体，即使在城市中已经生活工作多年，由于没有户口，始终不能享有相应的市民权利，无法在城市中实现定居。所以，当前的城市化发展中存在着 "伪城市化" "半城市化" 这样的严重问题。相应地，国家层面提出 "新型城镇化"，提出 "以人为本" 地推进 "农业转移人口市民化"，使其在城市城镇落户，平等享有城镇居民权利，正是对扭曲了的城市化发展进行矫正与还原。有鉴于此，在本研究中，"人口城市化" 的定义具有两重含义：一是从劳动力迁移的角度来看，指外来人口迁入城市、进入到城市劳动力市场中，在城市中工作与生活；二是从制度层面上来看，外来迁入人口（以农业转移人口为主）能够合理、平等地享有城市公共物品，分享城市化发展的成果，从而能够真正融入城市。

3.3　分析框架

规范的经济理论分析框架基本上由五个部分或步骤组成：（1）界定经济环境；（2）设定行为假设；（3）给出制度安排；（4）选择均衡结果；（5）进行评估比较（田国强，2005）。其中后两者，均衡结果：中国城市增长中 "人地失衡"，城市化发展土地超前而人口滞后；评估比较：城市化发展效率与公平损失，且难以适应经济转型需要，这两项已经作为本文的研究背景在绪论中提

---

①　根据目前的统计标准，在某地居住达到六个月及其以上的人口可以计为常住人口。在城市化过程中，人口大规模迁徙的背景下，常住人口比户籍人口代表了实际的城市劳动力供给。当然，从最严格的角度来看，以常住人口计算某地的城市化发展水平，也存在不足，相关的讨论见周一星、史育龙（1995）《建立中国城市的实体地域概念》中关于城市实体地域概念构建的讨论以及改进相关的改进探索。在本文中，考虑到研究需要与数据的可获性，同时选择城镇常住人口、户籍非农人口这两个统计数据用来分析城市化水平。

出，因此本书研究仅阐述前三者，阐明本研究的思路与对所要解决问题的认知方式。

3.3.1 界定经济环境：经济转型与"新型城镇化"提出

改革开放以来，中国经历了高投资和高增长的发展过程，投资成为中国经济增长的第一推动力（经济增长前沿课题组，2005）。高投资，资本品多于消费品是农业国工业化过程中的一种普遍现象（张培刚，2013）。但是，随着经济发展，高投资的发展方式并不能持续地推动经济发展，根据罗斯托（2001）对经济发展的阶段划分，达到经济发展的成熟阶段[①]之后，整个社会将会向大众消费时代迈进，居住条件、耐用消费品和服务根本改善成为经济中的主导部门，消费将取代经济发展中投资的地位。

对于中国而言，考虑到2008年国际金融危机以来的外部需求萎缩，自身市场的挖掘就显得分外重要。而发展第三产业、促进消费、提升内需的根本途径是城市化（万广华，2012）。而且，城市化导致人口集聚、行业集聚，进而会产生更加密集、频繁的思想碰撞，有助于知识的共享与溢出（Marshall 和 Alfred，1920），促进创新（丁成日，2008）。因此，推进城市化是我国经济发展模式从改革开放三十多年以来的要素驱动、投资驱动（刘守英，2012）迈向创新驱动、财富驱动的必由之路。但是，切实地推进城市化发展以服务于经济转型，首先要克服的问题就是我国长期以来存在的"伪城市化"或"半城市化"问题，城市中移民难以实现真正的市民化，导致城市化发展对经济转型的潜在作用难以发挥。有鉴于此，国家层面上在十八大之后提出了"新型城镇化"发展战略，积极推进户籍制度改革，将农业转移人口市民化作为改革的重点，正是针对了我国城市化发展中人口市民化滞后、潜在内需得不到释放的问题。

所以，对于现阶段我国经济发展而言，正处于从投资主导向消费主导转变，而由于城市化的滞后导致了转型升级的滞后，因此国家层面上提出了"新型城镇化"发展理念，旨在推动城市化发展向"以人为本"转型，以城市化转型带动经济发展转型。所以"新型城镇化"理念的实现与否，则成了我国经济发展中的核心问题。同时，还需要考虑到，在进入城市化快速发展阶段之后，

---

① 罗斯托（2001）将经济发展分为五个阶段：传统社会、起飞前、起飞、成熟、大众消费时代。起飞的前提条件之一是生产性投资占比增加。这一特点直到进入大众消费时代才会改变。

城市地租快速增长且规模巨大，根据 Mills 和 Hamilton（1984）的估计，如果城市人口增长为 2％ 的话，城市土地溢价占土地价值的 27％，如果增长速度为 4％，那么增长土地的溢价占总土地价值的比例为 59％。所以，城市的土地成为社会财富的最主要载体，城市移民可融入与土地开发之间有了不可忽视的重大关联（华生，2013），规模巨大的地租公平分配对外来人口成功安居于城市而不是困居于贫民窟有着决定性的作用。

3.3.2　设定行为假设：发展竞争下的政府行为偏好

在发展中国家的城市化进程中，政府往往具有重要的作用（Henderson，2009a），这一点在我国则尤为突出，城市化总的特征是高度的行政主导（周其仁，2013）。因此，政府的行为偏好对城市化发展有了决定性的影响。

对于中国的地方政府而言，在区域发展竞争中获胜是其行为的根本出发点。不可否认地，政府间竞争对中国的经济发展起到了重大的推动作用，如周黎安（2004）认为，正是在这种制度的作用下，中国才会在自然资源禀赋、物质和人力资本积累以及技术创新能力方面并无优势，且没有构建起西方主流所认为的有利于经济发展的制度的情况下，保持了经济高速度增长。经济发展对中国的地方政府有直接的强激励作用，使得政府成为推动经济发展的"援助之手"，而非俄罗斯地方政府在财政分权后对地方经济发展激励不足，被利益集团所左右成为"攫取之手"（Shleifer，1997；Treisman，1999）。在后发国家实现成功追赶的东亚模式中，政府对经济发展的强力推动作用已经被归纳为"东亚模式"的核心内容（World Bank Policy Research Reports，1993）。林毅夫（2013）也强调了，中国目前尚未进入高收入国家行列，虽然需要不断缩小行政权力对市场的干预，但是政府作用不能完全退出，依然需要政府发挥作用，解决市场机制所不能解决的问题。

但是，政府间发展竞争也有着不可忽视、日益显著的负面影响。发展竞争下的地方政府呈现出"公司化"的特征，具有了内生性的"亲资本"冲动（温铁军，2013）。根据德姆塞茨（1999）的描述，"利润最大化并不要求企业所有者在做出其家庭内决策时以某种慈悲、利他的方式行事"，这说明具备企业特质的政府在其行为中存在自我利益最大化的基本行为特征，同时对某些行为存在激励不足。所以，在政府职能呈现多维度和多任务特征时，晋升锦标赛使得地方官员只关心可以测度的经济绩效，而对许多民众迫切关心（环境、教育、公共医疗），但与短期经济增长没有直接联系的问题缺乏关注（周黎安，

2007）。在中国式"反向标尺竞争"的影响下，官员的行为更多地倾向于向上级展现政绩，而不是使辖区内百姓的满意度最大（傅勇、张晏，2007；张晏等，2005；王永钦等，2006），所以地方政府在提供基础设施上展现出了惊人的效率，但是同时由于科教文卫投资的短期经济增长效应不明显（Li 和 Zhou，2005），地方政府存在忽视科教文卫投资、偏向基本建设的制度激励（傅勇、张晏，2007）。概言之，政府行为可以归纳为"重建设、轻服务"的偏好。

在不同的约束条件下，同样的理性有着不同的表现方式（林毅夫，2005）。西蒙（1989）的有限理性基本行为假定中提到"理性是一种行为方式，其特点是：第一，适合实现制定的目标；第二，在给定的条件下和约束的限度内"。这就说明在不同的约束条件下，理性的表现不一样，政府的自利性受到制度安排的激励作用调节，受到制度环境的约束，从而会有不同的表现。因此，制度安排能够对政府行为给出怎样的激励与约束，对政府在社会经济发展事务中的具体行为有着决定作用。而在城市化发展中，现行的相关制度给出了怎样的约束与激励，使得地方政府在城市发展中的人口和土地两个方面采取了怎样的行为、有着怎样的取舍，则是下一步要讨论的问题。

3.3.3　给出制度安排：地租收益分配与"重地轻人"的城市增长

制度对经济绩效的影响是无可非议的（诺斯，1994），已有的城乡二元土地与户籍制度安排，使得城市化发展受到地方政府的强力控制（周其仁，2013）。城市化过程中所涉及的土地资源配置，必须由政府决定，而不是在土地市场由土地供求关系所产生的均衡调节（文贯中，2014b）。而且，在快速城市化发展阶段，由于城市土地需求不断增长，城市土地成了社会财富的主要载体，地租在社会财富中的占比将会不断提升。在中国已有的土地制度和发展模式之下，政府作为城市的垄断供地者，依靠土地要素投入、攫取地租收益来支撑其"以地谋发展"行为（张耀宇、陈利根，2016）。通过压低地价招商引资推进工业化、高地价高房价推动城市化建设，地方政府形成了依赖土地投入的"以地谋发展"模式（刘守英等，2012）。这种发展模式在历史中能够找到类似的成功案例：在美国经济起飞之前的准备阶段，美国联邦政府以土地赠予的形式给予巨额津贴建立了大规模的铁路网（罗斯托，2001）。在韩国，通过高度集聚化的工业基地（工业园区）的设立和开发以及投资政策、税收政策、土地政策、基础设施建设来推动人口和生产力等要素向某些区位的快速集聚，这是韩国工业和新兴城市迅速崛起的重要机制（李辉、刘春艳，2008）。

不可否认，在"以地谋发展"模式中，存在着土地要素价格扭曲，土地利用效率低下的问题。而且，城市扩张中的地租收益由政府垄断，主要被用于服务地方政府间的发展竞争，政府的土地财政进一步强化了地方政府利益与经济性公共品联系（左翔、殷醒民，2013）。也即意味着，土地财政能够强化地方政府对经济性公共品的供给，但同时在地方政府对非经济性公共品的供给上存在着明显的抑制作用（李勇刚等，2013）。同时，地方政府同时也缺乏主动推进人口城市化的动力：由于地方政府的收入主要由增值税、商业税以及土地出让金构成，这就导致政府热衷于招商引资而不是吸引居民安家落户（Henderson，2009b）。城市人口制度方面，计划经济时代遗留下来的户籍制度则阻断了农民自由迁徙，在务工地安家落户必须要经由地方政府首肯，否则永远只能是常住人口而非享有完整公民权利的户籍人口。而以推动经济发展增长为第一目标的地方政府自然会利用这样的机会：地方政府在经过精明的成本收益计算之后，其"重建设、轻服务"的行为偏好，在城市化发展中演化为重土地投入、轻移民吸纳，即推动土地扩张、攫取地租收益以带动经济增长、增加政绩，减少移民吸纳以降低成本。最终使得城市化出现了"土地城市化"超前、"人口城市化"滞后的扭曲问题，在这一"扭曲"发展格局中，城市化发展中的巨额地租收益，作为整体社会财富的重要组成部分，城市化发展的主要人群之一：城市中新移民却无法合理的分享应得的地租收益，从而使其城市化成本收益计算扭曲，市民化困难加大，突出地表现为住房困难：农业户籍的流动人口中仅有 21.6％的家庭在城镇买房（清华大学中国经济数据中心，2012）。可以看出，在"以地谋发展"模式之下，政府主导的地租分配中，在政府推动的用地扩张中，地租收益主要被用于经济建设，城市居民、特别是非户籍的外来移民无法分享地租收益（张耀宇等，2016a），反而要面对不断上涨的房价，进而阻碍了其市民化的实现。所以，要实现城市增长的"人地协调"，需要以地租收调节为核心，构建"人地统筹"的城市增长调控政策体系。

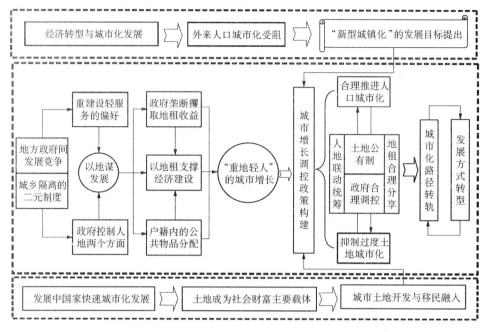

图 3-1　分析框架

　　综上所述，本研究的分析框架可以归纳为图 3-1。从宏观经济发展阶段上来看，我国已经到了以城市化发展带动经济转型的阶段，国家层面也有针对性地提出了"新型城镇化"改革战略。但是，在已有制度安排下，主导经济发展的地方政府的行为却与推进人口城市化的目标相悖，其"重建设、轻服务"的行为偏好在已有的城乡二元制度安排下，进一步形成了"重地轻人"的城市化偏好。在城市化发展中出现了依靠土地资源快速投入、地租支撑以带动经济增长的路径依赖，城市用地扩张服务于地方政府的经济建设需要。同时，地方政府对城市人口吸纳缺乏动力，且在户籍壁垒之下，外来务工者难以通过享有地方公共物品的形式来分享到地租收益，反而要承担地租成本，从而导致人口城市化严重滞后，城市增长中出现了"重地轻人"的扭曲。所以，导致城市化发展中出现"重地轻人"扭曲的原因，本质上可以归纳为城市的地租收益分配问题：城市增长中的巨额地租收益，被具有"重建设、轻服务"行为偏好的地方政府垄断，并主要被用于经济建设，而非用于向城市中非户籍的、外地移民提供相应的公共物品，导致其难以享有相应的市民权利，如由于高地租导致的城市中新移民的住房困难。而要实现城市化发展向"以人为本"转变，则需要针对现行的土地制度进行转变，以地租分配为核心进行调控，一方面抑制地方政府为了满足其政绩需要而推动城市用地无序过度扩张、依赖地租推动经济增长的行为；另一方面，还应意识到现代社会中，发展中国家快速城市化发展过程中土地开发带来的巨额地租收益分配与城市人口融入之间存在着重大关联，在公有制的制度基础上，公权力合理介入、克服外部性问题，在"涨价归公"部分的地租收益分配中，向城市中新迁入人口倾斜，以地租收益分配支撑人口城市化。

有鉴于此，城市土地调控政策需要与城市中外来移民的市民化紧密联系，构建人地问题统筹分析、联动治理的城市增长调控政策。且调控政策设计应以地租收益分配调节为核心，探索将外来务工人口纳入地租的分配之中，将地租收益分配从支撑政府"以地谋发展"向支撑外来人口的市民化转变，使得地租成为外来人口市民化的动力而不是阻力，实现城市增长的"人地挂钩"、促进人地协调。进而实现城市化发展从现阶段的"重地轻人"向"以人为本"的路径转轨，最终带动经济发展方式转型。

第4章 地租分配、经济发展与中国的 城市化发展：一个历史回顾

4.1 理论框架：三者联动关系的归纳

4.1.1 土地公有制下的政府地租收益：来源与用途

新中国成立之后，很快就实现了土地的社会主义公有制，旨在贯彻马克思、恩格斯提出的地租归全社会所有的观点。在土地公有制的情况下，国有土地的权利实质上由政府行使，这一点在改革开放、迈向市场经济之后保持了下来：在以市场经济为导向的转轨中，土地资源是为数不多的加大审批、上收权利、强化政府垄断的生产要素之一（蒋省三等，2007）。所以，在城市增长过程中，地方政府作为有着垄断地位的土地开发供应者，可以直接参与土地增值收益分配。

土地增值收益可分为人工增值和自然增值。前者指由于具体的投资活动所带来的范围相对明确的短期增值，后者是各种社会投资和经济发展的溢出效应所带来的范围相对模糊的长期增值（陈伟、刘晓萍，2014）。前者遵循"谁投资，谁受益"的要素贡献原则进行分配，后者以"公私分享"来在国家和原产权人之间进行分配（朱一中等，2013）。国家以租税费等方式参与到土地增值收益分配之中，将其中由于社会因素造成的自然增值的部分抽出，并将其用于公共事业，从而通过公权力实现土地增值收益的合理分配、消除外部性问题。下面将对中国政府所获取地租收益的来源和分配两个方面进行详细解析。

（1）政府地租收益的来源

从来源上看，在我国，地方政府依据其垄断供地者的身份，主要以地租的方式获取土地增值收益，主要属于土地自然增值部分。改革开放之后、土地有

偿使用制度建立之后，政府一手征地、一手卖地，实现"涨价归公"，地方政府获得土地增值、农民获得农地补偿费（马贤磊、曲福田，2006）。由于地方政府利用征地垄断权力攫取过多土地收益，导致农民权益严重受损的现象比较普遍（王小映等，2006），政府部门在征地补偿标准的制定上，没有考虑市场的因素，纯粹是一种政策性的补贴，带有计划经济时代的痕迹（鲍海君、吴次芳，2002）。改革开放以后，通过低价征用农民土地最少使农民蒙受了 20 000 亿元的损失（王海明，2003）。这种不公平的分配方式进而引发了严重的社会矛盾，在我国每年发生的群体性事件中，由于征地拆迁引起的占比一半之多（陆学艺等，2013）。而且，由于政府既是市场参与者又是市场管理者，角色定位混乱，利用垄断地位和管理者身份操纵市场，成为土地出让价格虚高的重要根源（朱一中等，2013）。

（2）政府地租收益的分配

从用途上来看，土地作为国有资源的一部分，由土地转让产生的收益，同其他自然资源以及新中国成立后积累起来的经营性、非经营性国有资产一样，都具有国有资产收益的性质，应当纳入政府公共预算收支管理的范畴（王晓阳，2007）。改革开放之后，在社会主义城市地租理论的建设中，理论界开始意识到政府在土地供应中收取地租收益，对于解决我国经济建设中资本稀缺有着重大作用。国有土地批租，国家获得一笔地价款的同时，社会还通过这块地聚集许多倍于地价款的建设项目本身所需的投入，这对于活跃经济、繁荣社会意义自然非同小可（戚名琛，1994）。而且，同私有制条件下依靠土地所有权和经营权的垄断、无偿占有他人劳动的土地经济关系不同，社会主义国家中，由国家将土地使用者利用土地自然条件而带来的财富通过收入分配集中起来，再用于为全社会谋福利（陈征，1995a）。

具体而言，我国实现土地有偿使用之后，政府所获取的地租收益主要用于经济建设用途。1989 年，财政部颁发的《国有土地使用权有偿出让收入管理暂行实施办法》中提出："不论上缴中央财政还是上缴地方财政的收入，主要用于城市土地开发建设，要建立城市土地开发建设基金，专款专用。"其后，国家对土地出让收入的支出不断地做出更为详细的规定：2004 年《国务院关于将部分土地出让金用于农业土地开发有关问题的通知》提出将 15％的土地出让收益用于农业用地开发。同年出台的《国务院关于深化改革严格土地管理的决定》中进一步提出了"土地补偿费和安置补助费的总和达到法定上限，尚不足以使被征地农民保持原有生活水平的，当地人民政府可以用国有土地有偿使用收入予以补贴。"2006 年出台的《国有土地使用权出让收支管理办法》明确提出了"土地出让收入的使用要重点向新农村建设倾斜。"同年，在《财政部建设部国土资源部关于切实落实城镇廉租住房保障资金的通知》提出了土地出让收入在扣除补偿开发支出、计提农地开发支出等项目之后的 5％用于城镇廉租住房建设。在 2007 年、2010 年、2011 年的住房保障政策将土地出让收益用于住房保障的比例提高到了不低于 10％。同时，在 2011 年的中央一号文件中提出将土地出让收益的 10％用于农田水利建设，2011 年《国务院关于进一步加大财政教育投入的意见国发》中提出了将 10％的土地出让收益用于教育支出①。但是，总的来看，政府主导的地租收益分配，其主要的支出依然是服务于城市建设用途，该用途占历年土地出让纯收益的比重基本上在 50％以上（见附表 3）。

4.1.2　地租收益分配与经济发展阶段特征

土地是生产的基本要素之一，相对应地，地租是社会财富分配的基本方式之一，所以，地租收益分配方式是决定经济发展模式的关键之一。在中国，参与土地增值收益分配是中国政府促进社会经济发展的优势和重要杠杆（靳相木，2007）。中国的地租收益分配与经济发展之间存在密切关系，政府能够以地租分配调控经济发展，政府能够这么做的制度基础则是土地公有制。作为实际上的土地所有者，政府对地租分配始终保持着绝对的干预权力，将其作为贯彻其经济发展目标的主要调控手段。无论是在计划经济时期，还是改革开放之后，政府主导下的地租收益分配，都对经济发展有着重大的影响，不同阶段的经济发展模式，是在不同的地租分配模式支撑之下形成的。改革开放之前的计划经济时期，国有企业作为微观主体，其使用土地源自国家的无偿划拨，国家实质上将地租收益让渡给了用地企业。而在改革开放之后向市场经济转轨，把地租作为经济杠杆，同价值、价格、利率、税收共同作为宏观调控的手段，有利于对城市土地进行经营管理（陈征，1993）。尊重地租规律，国家收取城市土地级差地租、垄断地租，有助于提升用地效率、避免企业投机土地、促进企业公平竞争（陈征，1995a、b）。

---

① 详细的总结归纳见附表 1。

已有研究中，学者们已经关注到经济发展的阶段性特征与政府地租收益攫取、分配之间的关系，例如杨帅、温铁军（2010）曾分析过改革开放三十多年间的经济波动、财税体制变迁与土地资源资本化之间的联动关系。更为明显的，在如今政府推动经济发展的行为被学者称之为"以地谋发展"模式（刘守英等，2012；刘守英，2014）的情况下，地租分配对经济发展的影响分外鲜明，特定的地租分配模式是特定经济发展模式的基石。但是，也应注意到，政府主导下的"以地谋发展"模式，也有其弊端，土地资源配置市场机制，存在严重的效率损失：例如，根据谭荣、曲福田（2006c）的测算，1989—2003 年间，由于政府失灵扭曲土地价格、排斥市场机制，导致的过度农地非农化占比为 21.7%。

4.1.3　基于三者联动关系的中国城市化发展阶段划分

城市化是社会经济发展到一定程度的结果，2014 年出台的《国家新型城镇化规划（2014—2020 年）》中，就将城镇化定义为："城镇化是伴随工业化发展，非农产业在城镇集聚、农村人口向城镇集中的自然历史过程，是人类社会发展的客观趋势，是国家现代化的重要标志。"相对应，有着不同特征的城市化发展阶段则对应着不同的经济发展阶段。

综上所述，在中国，地租收益分配、经济发展、城市化发展间三者有着密切的联动关系。所以，在本章的分析中，将会把这种联动关系的观察放宽到新中国成立后的历史背景下，以便更为详细地观察制度变迁轨迹下的地租分配、经济发展、城市化发展三者间的联动关系。同时，还要注意到，新中国成立以来的城市化发展进程，存在着明显的分野（粗略地看至少存在着改革开放前、后两个分异阶段），这一判断已在学术界取得了共识（陈浩等，2012）。如图 4-1 所示，新中国成立以来各个历史阶段中的城市化发展存在较为明显的不同。城市化发展曾经长期处于一个缓慢甚至停滞的发展状态，直到改革开放之后才有了明显的变化，特别是进入 21 世纪之后，城市化发展的速度明显加快，城市化率的图形明显变陡。

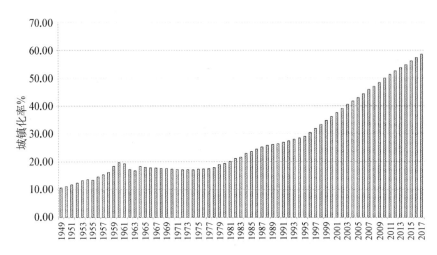

图 4-1 1949—2017 年中国城镇人口比重[①]

　　不同的城市化发展阶段特征，则可归结为其背后的经济发展模式、地租分配模式的差异。因此，有必要划分不同的阶段进行专门讨论。鉴于此，在本章中将中国的城市化发展进程分为四个阶段：

　　(1) 1949—1977 年，该阶段我国采取重工业优先发展的赶超战略，并构建了计划经济体制。为了解决工业化发展资本不足的问题，国家侵入农民所有权来获取地租，从而实现提取农业剩余支撑工业建设（周其仁，1995），同时，城市土地无偿、无限期、无价格的计划供应来支援建设，政府放弃地租以支持企业建设。

　　(2) 1978—1987 年，在该阶段土地有偿使用制度仍处于探索阶段，在乡村地区，依靠集体所有的土地（其他自然资源）和劳动力的无偿投入，乡镇企业通过自我剥夺完成原始积累（温铁军等，2011）。该阶段内乡镇企业"异军突起"，占据了中国经济的半壁江山，带动了农村工业化，农村劳动力就地非农化、"离土不离乡"，相对应的，国家层面也提出了"城镇化"发展战略。

　　(3) 1988—1997 年，该阶段土地有偿使用制度完善、土地非农化开发利用的权力以法律的形式集中于地方政府，政府开始利用其土地权利来推动经济

---

　　① 数据来自中国统计局官网。

增长。由于在该阶段乡镇企业衰败、沿海外向型经济形成，地方政府通过在城市办"开发区"的方式推进工业发展，大规模农村劳动力开始外出务工，但受制于二元体制，农业转移人口无法在务工地落户、城乡间往复迁移，使得"伪城市化"问题开始出现。

（4）1998 年至今，该阶段进入了城市化快速发展阶段，住房市场、一级土地市场完善使得城市地租开始快速增长。而掌握了巨额地租的地方政府也开始通过"以地谋发展"模式的强力推动经济增长、城市扩张与建设。但是，这种"以地谋发展"的模式，导致城市地价、房价高企，产生了对人口城市化的负面影响，导致城市化发展"重地轻人"。

在下文中，将会通过系统的历史回顾，详细剖析在不同的阶段中，地租分配、经济发展与城市化这三者间的互动影响。

4.2　新中国成立后四个不同阶段中的三者联动

4.2.1　1949—1977 年：计划经济、资本积累与城市化停滞

1949 年，新中国选择了重工业优先的赶超战略，并模仿苏联建立了计划经济体制。从当时国际环境来看，重工业优先发展战略是二战后发展中国家的普遍选择，不仅在社会主义阵营，战后独立的其他国家，如印度、埃及、印度尼西亚，以及拉丁美洲的一些国家，同样在 20 世纪 40 年代到 60 年代选择与中国非常接近的赶超战略（林毅夫，2012）。重工业优先发展的赶超战略，是指不顾资源约束而推行超越所处发展阶段的重工业优先发展战略，而这种战略目标是无法通过市场经济来实现的，需要建立扭曲价格机制、计划分配资源以及微观经济主体国有化、人民公社化，形成三位一体的计划经济体制（林毅夫等，2013）。

为了推动资本密集型的重工业优先发展，资本匮乏的中国不得不采取工农剪刀差的方式提取农业剩余支撑工业建设，解决资本原始积累的问题。同时也采取了"高积累、低消费"的国民收入分配方式，在这种分配模式下，城市居民的收入和公共物品供应水平虽然相对要高于农村，但实际上也处于较低的水平。资本密集型的重工业对劳动力需求不高，吸纳农村剩余劳动力的能力有限。而且，违反比较优势建立起来的城市工业企业效率低下、没有自生能力，导致城市工业经济缺乏自我发展的活力（林毅夫，2012）。在这样的情况下，一方面城市工业经济难以提供足够的就业岗位来吸纳农业转移劳动力；另一方

面要通过提取农业剩余来支援城市工业经济发展，导致城乡差距加大。所以国家既需要控制享有国家工资福利保障的城市人口增加，同时也要保障留在农村中的农业劳动力不流失，因此需要不断强化对农村人口进城的控制。1958年出台的《中华人民共和国户口登记条例》，明确规定了"公民由农村迁往城市，必须持有城市劳动部门的录用证明，学校的录取证明，或者城市户口登记机关的准予迁入的证明，向常住地户口登记机关申请办理迁出手续"，自此，城乡分割的二元体制正式形成。

在城乡二元体制之下，服务于赶超战略目标、计划经济体制的地租分配模式，在城乡两个方面形成了不同的安排。一方面，在乡村地区，推进土地集体所有制，以服务于国家提取农业剩余的目标。优先发展的重工业企业属于资本密集型行业，作为一个农业国，其工业化的原始资本积累也只能来自农业剩余，这一点在缺乏外界融资渠道的时候格外突出[①]。这就使得国家越来越倾向于更多地提取农业剩余以支持重工业发展。政府起先选择提高农业赋税的方式，但是20世纪50年代几次农民的集体抗议行动，最终表明征税加上各种附加占农产品价值的15%是一个界限（周其仁，1995）。为了提取更多的农业剩余，也是为了解决国家低价收购农产品的困难，国家推出了统购统销这一完全由国家垄断的贸易制度。1955年，《农村粮食统购统销暂行管理办法》出台，1958年，国务院颁布了《农产品及其他商品分级管理办法》，进一步将统购统销制度化。同时，1958年11月，全国农村基本完成人民公社化改造（中华人民共和国经济史，1989）。"一大二公"的人民公社消灭了农村的私有产权，农民仅仅作为集体中的劳动者，出售其劳动力以换取集体给予的工分，并将其兑换为生活资料。可见，国家通过建立并保护农民私有权来获得了税，进而又侵入农民的所有权而获得一部分地租。租税在中央集权的国家手中，整合为一体（周其仁，1995）。

另一方面，城市非农建设用地使用权处于无价格、无流转、无期限的状态。以计划调配土地资源用于建设的方式，虽然能够降低用地成本，导致土地资源浪费严重。据1956年对武汉、长沙、北京、杭州、成都和河北等地的不

---

　　① 工业化发展时期的资本从先行工业化国家向其他工业发展中国家资本输出的论述，详见张培刚（2014）。而新中国成立后，自中苏交恶后，中国能获取大规模的外部投资的机会极度稀缺，直到1973年中美建交之后，才有了新一轮的外资引进方案。

完全统计，几年间这些地区共征用 10.1 万亩土地，浪费用地达 4.1 万多亩，占总数的 40％以上。其中长沙市征用了 2 万多亩地，就有 1.6 万多亩浪费。武汉市 33 个建设单位征用 9 000 多亩土地，长期闲置不用的就有 2 600 多亩（周怀龙，1994）。由于否定社会主义条件下的地租存在，自然谈不上认识城市土地巨大生财力，城市土地巨大的聚财力（聚财指的是吸引和容纳投资）也湮没无从显露（戚名琛，1994）。应由国家征收的巨额地租大量流失，国家从土地上得不到任何收益；同时，国家的基础设施建设缺乏稳定的资金来源，只得从别的地方筹集资金，致使城市建设欠账越来越多，财政越来越困难（周怀龙，1994）。

　　总结而言，二元体制下的地租分配服务于赶超战略和计划经济体制，作为提取农业剩余支撑城市工业建设重要支撑。一方面国家建立了集体土地制度、消灭农民私有产权，从而提取农业地租以完成资本原始原始积累，一方面政府则将城市土地无偿提供给用地单位，即免收用地单位地租以降低工业化发展成本；但是其负面作用则是明显的效率低下。计划经济的僵化、低效率，以及勉强维持的工业化发展，导致城市化发展停滞不前。

4.2.2　1978—1987 年："以地兴企"支撑乡镇企业发展与城镇化

　　该时期国家层面逐渐提出了"城镇化"发展的思路，1978 年，城市工作会议中"控制大城市规模，多搞小城镇"的方针被正式提出。1980 年，全国城市规划工作会议上，这一方针完善为"控制大城市规模，合理发展中等城市，积极发展小城市"。1989 年出台的《城市规划法》中，第四条明确提出"国家实行严格控制大城市规模、合理发展中等城市和小城市的方针，促进生产力和人口的合理布局。"积极发展小城镇成了官方的选择之后，城市化一词甚至被城镇化所替代，不再出现在官方政策文件中（赵新平、周一星，2002）。国家选择"城镇化"的发展路线，与该阶段的乡镇企业"异军突起"、占据经济发展的半壁江山，进而强力带动农村地区工业化的发展背景有着密切的关系：

　　第一，改革开放始于农村，农村经济首先得到了解放。1983 年出台的《当前农村经济政策的若干问题》（一号文件）和《关于实行政社分开建立乡政府的通知》宣告了人民公社的终结（陈锡文等，2008）。1984 年的中央一号文件中进一步明确了农民土地承包的权利，同时允许农民外出务工。1985 年的一号文件则取消了统购统销制度。

第二，始于 1980 年的央地财政分权探索，地方政府激励机制转变，使得地方政府替代中央政府成为新的工业化发展推手。而且，在改革开放之后，地方政府再也无法像过去那样通过二元体制、剪刀差的方式提取农业剩余来有力地推动工业化建设，必须要另找方法。

第三，从地租分配的角度来看，该时期土地有偿使用制度尚在探索之中。相对于计划经济时期国家无偿分配给用地单位，集体所有制上成长起来的乡镇企业，也可以零成本地运用集体土地进行开发建设，将集体土地用于工商用途的地租内部化而零成本的转入乡镇企业的积累之中（温铁军等，2011）。通过这种自力更生的方式实现"以地兴企"，发展更有活力、更有效率的民营经济。从而在没有政府大规模资金投入的情况下，乡镇企业蓬勃发展，带动了乡镇地区工业化。

所以，有着推进工业化发展意愿而缺少资本的地方政府，会放任基层乡村利用本地的剩余劳动力和几乎零成本的土地资源（或其他在地自然资源）开办企业（杨帅、温铁军，2010）。而且，由于集体所有制的特殊性，蓬勃发展的乡镇企业不仅缩小了城乡差距，同时还承担起了地方的福利、行政及支援农业的义务，也解决了大量农业剩余劳动力的就业问题（温铁军，2013）。有鉴于此，国家对于小城镇发展战略的决策，也可以解读为小城镇在国家没有投资的情况下仍然大量增加的客观情况的认可①。

4.2.3　1988—1997 年：政府垄断地租、发展转型与"伪城市化"

以乡镇企业带动工业化、城镇化的发展模式并没有持续下去，随着乡镇企业自身暴露出来的问题越来越严重，在乡镇企业资本增密和以私有化为主的改制中，出现了始料不及的资本排斥劳动、使农业劳动力的非农就业连年下降的问题（温铁军，2000）。以及国家在 80 年代末开始布局沿海开放特区、1994 年人民币汇率大幅度降低，最终形成外向型、旨在出口创汇的经济发展模式。

在经济发展模式转变的背后，则是地租分配模式的转变：土地用于非农建设的地租收益，逐渐从集体兴办的乡镇企业所有转变为被地方政府所攫取。一方面，由于乡镇企业发展带来的土地占用问题日渐严重，如在 1986 年，《中共

---

①　温铁军：《中国的"城镇化"道路与相关制度问题》，中国经济信息网"50 人论坛"。

中央、国务院关于加强土地管理、制止乱占耕地的通知》（中发〔1986〕7 号）当中明确提出"农村中不少干部和群众，存在着集体土地可以自由支配的错误观念，有的发展乡镇企业用地不搞规划，不履行审批手续，随意占用"。在同年出台的《土地管理法》当中，以法律的形式将农地转为非农建设用地的权利上收到地方政府（陈会广等，2014）。另一方面，在该时期，土地商品化方面的改革取得了关键性的进展。1988 年，《中华人民共和国宪法修正案》通过，取消了对土地出租的限制，土地使用权可以依法转让。同年，《土地管理法（修订案）》通过，废除了"禁止出租土地"的规定，并增加了"国有土地和集体所有的土地的使用权可以依法转让"，"国家依法实行国有土地有偿使用制度"等条款。1990 年出台了《中华人民共和国城镇国有土地使用权出让和转让规定暂行条例》。1992 年，十四大正式确立了发展"社会主义市场经济"的改革目标，产生社会主义城市地租的基本要件：前提条件——土地所有权和使用权相分离，客观基础——土地租赁，客观经济条件——社会主义商品经济（陈征，1993），已然完备。而在此时的土地制度上，土地非农开发使用的权力正式归于政府，则使得土地非农用途中地租收益的归属从农村集体经济组织转移到地方政府身上。地方政府可以直接从城市土地开发利用中获取地租，将其用于城市建设用途①。

掌握了城市地租之后，除了直接的土地出让金依赖之外，地方政府通过地价让利的方式"以地引资"行为开始愈演愈烈。通过地价让利、降低企业用地成本，吸引企业落户，地方政府从而有能力大办工业园区，吸引外商投资，从而以城市"开发区"的方式取代了过去的乡镇企业，强力推动工业化发展。"以地引资"行为的本质可以看作地方政府将地租的一部分让渡给了企业，由于该种行为扭曲了土地价格，进而导致了土地资源的浪费与滥用。如在《国务院关于严格审批和认真清理各类开发区的通知》（国发〔1993〕33 号）中提出了"开发区越办越多，范围越划越大，占用了大量的耕地和资金，明显地超出了实际需要和经济承受能力"，"少数地方无视国家税法和土地法，超越权限擅

---

①　根据该阶段的政策，土地出让收入主要用于城市建设用途。《国有土地使用权有偿出让收入管理暂行实施办法》（财综字〔1989〕94 号），其中提出了"取得收入的城市财政部门先留下 20％作为城市土地开发建设费用，其余部分 40％上交中央财政，60％留归取得收入的城市财政部门"，"不论上交中央财政还是上交地方财政的收入，主要用于城市土地开发建设，要建立城市土地开发建设基金，专款专用"。

自制订发布税费减免办法，对外造成了不良影响"，"坚决禁止超越国家规定的权限自行制订优惠政策或变相减税让利"。20 世纪 90 年代初期的"开发区热"和部分地区的"房地产热"问题，导致了国民经济整体上的严重过热，同时财政分权后中央不断地向地方分权让利，导致央地方财政关系倒挂。这两个问题最终在 1993 年《中共中央、国务院关于当前经济情况和加强宏观调控的意见》出台和分税制改革之后得到了解决，而代价则是人民币大幅度贬值、国企改革导致的下岗潮、政府在社会服务部门过度退出，等等①，直到 1997 年中央方才宣布宏观经济的"软着陆"。

在此阶段，随着地方政主导下的城市工业经济发展和乡镇企业的衰败，农业劳动力非农迁移的"离土不离乡"模式被终止，导致在 20 世纪 90 年代农民外出务工最终成了主要的趋势。20 世纪 80 年代初，农村外出打工者的规模只有几百万人，80 年代末则达到 2 000 多万人，1994 年则达到 6 000 多万人（农业部农村经济研究中心课题组，1996）。由于户籍壁垒依然存在，中国劳动力城乡迁移的一个显著特点就是：既有流出又有回流，中国劳动力往往只实现了迁出来而不能实现在迁入地的完全定居（蔡昉，2001）。这种流动方式导致了城市化发展中的"伪城市化"问题。

4.2.4 1998 年至今："以地谋发展"模式与城市化"重地轻人"

1998 年亚洲金融危机过后，中国经济中出现了"相对过剩"问题，同时在城市研究领域，则发现我国面临着严重的"城市短缺"。于是，城市化再次在新的意义上成为我国经济社会研究以及实践的热点（赵新平、周一星，2002）。在该阶段城市化发展战略上很重要的一个转变就是开始放松对城市发展的限制，在 2000 年出台的《中共中央、国务院关于促进小城镇健康发展的若干意见》和 2001 年的国家十五规划纲要都提出了"大中小城市和小城镇协调发展"，不再像过去那样有意识地抑制大城市的规模。相对应地，该阶段中国的城市化的确进入了一个前所未有的快速发展时期（如上图4-1 所示）。

城市扩张需要投入大量的建设资金。学者将（蔡昉、都阳，2003）城市建设的融资渠道分为市场经济力量和以再分配的方式获取资源（行政级别的影

---

① 详细内容可以参阅温铁军等的著作《八次危机 中国的真实经验》，第 77—138 页。

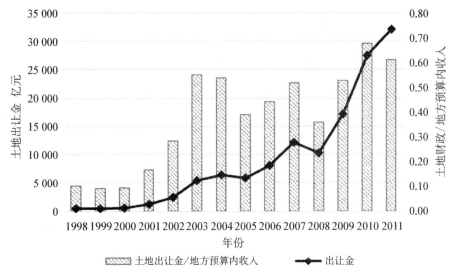

图 4 - 2　1998—2011 年土地出让金变化

响）两种渠道，后者要依靠二元体制来提取农业剩余。而在该阶段，国家强力推动了城市土地一级市场完善①，同时 1998 年住房商品化改革后，房地产业日渐繁荣，在 2003 年的《国务院关于促进房地产市场持续健康发展的通知》（国发〔2003〕18 号）中明确提出"房地产业关联度高，带动力强，已经成为国民经济的支柱产业"。房地产行业的繁荣、城市一级土地出让市场的完善，以及政府通过征地制度形成的城市一级土地市场上的垄断供给者身份，使得政府能够在快速发展的城市化当中获取巨额地租收益。从而形成了一种新的、依靠土地资源的城市发展建设融资模式（郑思齐等，2014a）。所以，在该阶段由于地价的快速上涨，地方政府利用的土地侧重点逐步从数量相关转向价格相关（中国经济增长前沿课题组，2011）。此外，除了直接的以土地出让方式获取地租，在 2002 年银行改革之后，以国有银行为代表的国家金融资本与地方政府分家，获得了相对独立的地位。由于金融资本已经"独立"，债务缠身地方政府再难依靠银行投资；唯有土地资源资本化还可以被其以国家之名来支配，因

---

①　21 世纪前后，国家层面上出台了多份文件，推进土地一级市场建设，如《国土资源部关于进一步推行招标拍卖出让国有土地使用权》（国土资发〔1999〕30 号），《国土资源部关于建立土地有形市场促进土地使用权规范交易的通知》（国土资发〔2000〕11 号），《国务院关于加强国有土地资产管理的通知》（国发〔2001〕15 号），《招标拍卖挂牌出让国有土地使用权规定》（国土资源部第 11 号）。

此，地方政府选择了"以地套现"来解决资金问题，即通过土地抵押来进行融资（杨帅、温铁军，2010；温铁军，2013）。

表 4-1　市县的建设维护资金（财政性资金收入）中土地收入占比①

年份	城市	非设市县	市县合计
2006	24.91%	28.91%	25.43%
2007	23.14%	33.66%	24.53%
2008	37.49%	29.69%	36.34%
2009	39.18%	29.05%	37.46%
2010	47.50%	37.29%	45.52%
2011	55.90%	38.34%	52.70%
2012	46.20%	35.78%	44.00%
2013	61.41%	47.06%	58.52%

如图 4-2 所示，土地出让金在 1998 年到 2011 年的时间内，有了飞快的增长，成了地方收入中不可忽视的重要构成部分。又如表 4-1 所示，市和县的建设维护的资金中，来自土地出让转让收入的资金占有相当高比重。此外，以土地抵押进行融资也成了地方政府筹措资金的主要做法，根据审计署的《全国政府性债务审计结果》（2013 年第 32 号公告），2012 年底，4 个省本级、17 个省会城市本级承诺以土地出让收入为偿债来源的债务余额 7 746.97 亿元，占这些地区政府负有偿还责任债务余额的 54.64%。地方政府通过对巨额的地租攫取，城市建设得到了充沛的资本支撑，中国进入一个城市化发展快速的阶段，城市经济蓬勃发展、规模不断扩大。

地方政府这种依赖土地资源投入、土地资本化来强力带动城市经建设，也即推动整体上经济快速发展的行为②，被学者（刘守英等，2012）归纳为"以地谋发展"模式。而且，在土地融资为主的城市建设模式下，地方政府形成了城市建设推动房价，房价推动地价进而推动土地出让金上涨的循环（郑思齐等，2014b）。导致城市中房价高企，而高房价则成了阻碍人口迁入的主要原

---

① 数据查询自《城乡建设统计年鉴》。

② 城市发展是经济发展的主体，我国城市所产生的国民经济总量占经济总量的比例高达 70%—80%（丁成日，2005）。所以，地方政府推动经济发展，其实质上近似于推动城市化发展。

因，特别是作为市民化的最主要人群——农民工群体，难以负担的城市房价，成了阻碍其市民化的最主要原因（陈广桂、孟令杰，2008），尤其是外来务工的农村人口难以负担起购房成本。"以地谋发展"模式下，一方面依赖土地投入带动经济增长，一方面过度拉升人口市民化成本，再考虑到城乡二元体制一直以来对人口迁移的阻碍作用，最终导致了城市化发展中人地两个维度出现了极为严重的脱节。在图 4-3 中，计算了城镇建成区面积的年度扩张速度和城镇人口的年度增长速度，可以看出，在大多数年份城镇用地扩张的速度要明显快于人口的扩张速度。同时可以算出，2000—2013 年之间，城镇建成区面积增加了 93.88%，城镇人口增长了 59.26%，用地扩展的弹性系数高达 1.58 之多。而且，这还是以包含了上亿农民工的常住人口统计口径计算的结果。同时，从表 4-2 可知，自 21 世纪以来，农民工群体规模达到上亿人，占总人口比重已经达到五分之一。可见，而且长期以来我国潜在的城市化需求一直没有得到合理释放，累积到一个惊人的规模，"伪城市化"问题极为严重，城市化发展中"重地轻人"问题十分明显。

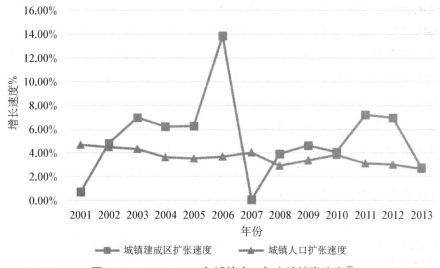

图 4-3　2001—2013 年城镇人口与土地扩张速度①

---

①　其中城镇用地数据是查询自《中国城乡建设统计年鉴》，将城市建成区、县城建成区、建制镇建成区加总后求得。人口数据查询自中国统计局官网。

表 4-2　2009—2017 年农民工外出务工统计①

年份	总人数（万人）	外出务工者（万人）	外出后在省外务工（万人）	外出后在省内务工（万人）
2009	22 978	14 533	7 441	7 092
2010	24 223	15 335	7 717	7 618
2011	25 278	15 863	7 473	8 390
2012	26 261	16 336	7 647	8 689
2013	26 894	16 610	7 739	8 871
2014	27 395	16 821	7 867	8 954
2015	27 747	16 884	7 745	9 139
2016	28 171	16 934	7 666	9 268
2017	28 652	17 185	7 675	9 510

　　从政府地租收益分配的角度来看，"以地谋发展"主要是依靠政府主导下的地租分配来实现。政府垄断城市地租，将其直接用于城市经济建设，或通过补贴企业（地价让利）的方式来间接推动城市经济建设。在这样的发展路径下，公有制之下、作为国民共同财富的重要组成部分，城市化当中的地租收益分配偏向经济建设。而且，由于工业用地的亏本供应，所以对地方政府而言，只有经营性用地才能够带来财政收入，有学者（华生，2013）认为地方政府的"土地财政"实质上是"房地产财政"。"房地产财政"自然会导致城市房价的高企，以及可能存在的房地产商利益集团对地方政府的影响：地方政府因其行为"公司化"倾向，从而导致其公共政策受到房地产商利益集团"捐税"行为所左右，从而致使中央的相关房地产调控政策不能生效（杨帆、卢周来，2010）。对于广大城市居民而言，高房价让老百姓在支付了"超级地租"，其实这也是一种财政行为，相当于国家把收税的权力部分让渡给了地产商，房价中很大一部分应该视为价内税（李北方，2015）。这种通过城市地租的方式对城市中居民的财富的攫取，与大卫·哈维（1988）所提出的"阶级-垄断地租"问题：城市中没有住房的消费者被迫要接受房东、

---

　　①　数据来自国家统计局历年发布的《农民工监测调查报告》。

投机者—开发商与金融资本的剥削，有诸多相似之处，只不过在我国，城市地租的最主要获取者为地方政府以及有着国有背景金融机构。在公有制的背景下，政府虽然获取了巨额地租，但是将其主要用于社会经济发展需要而非仅满足某一阶级自身的需要，且根据不同的社会经济发展阶段，中性的政府①可以调节地租分配模式，使之适应经济发展的阶段性需求。对比过去计划经济时期，依靠农业地租的方式提取农业剩余，将其用于工业化建设；"以地谋发展"阶段则是通过一种新的、类似于"阶级－垄断地租"的方式从城市中集中社会财富，将之用于经济建设用途，从而使得国民财富分配依然保持着"高积累，低消费"的模式。

4.3　结论与讨论

4.3.1　主要结论

以地租收益分配、经济发展和城市化三者联动关系为主轴，本章对新中国建国以来六十多年的历史进行了回顾梳理。根据这三者之间不同的表征，本章将中国的城市化发展历史分为了四个阶段，分别剖析了在各个阶段、不同的经济发展模式背后对应着不同的地租分配模式，这二者又会作用于城市化发展，导致城市化发展有着不同的表现。具体而言，本章得到了如下几个主要结论：

第一，不同的经济发展模式，其背后的由政府所主导的地租分配模式也显著不同，二者相互作用。在计划经济时期，通过集体土地制度提取农业剩余、无偿将建设用地配置给企业，从而服务工业化发展。在改革开放后，计划体制解体，地方政府再无法依靠原有方式提取农业剩余，因而就允许、放任了乡镇企业的大规模占地行为，带动地方发展。而在地方政府完全控制城市地租之后，方能通过获取城市地租的方式大规模推动经济建设，形成了如今的"以地谋发展"模式。

第二，不同的经发展模式和不同的地租分配模式又导致了城市化发展的不同阶段性特征。计划经济时期为了保障农业劳动力、控制城市人口，从而

---

①　根据姚洋、杨汝岱（2014）的观点，中国的政府属于中性政府，指的是不长期偏向某个（些）社会群体的政府。由于政府的中性，政府在制定政策时才可以不受社会利益集团的限制，放开手脚把资源分配给哪些最具生产力的群体，从而促进经济增长。

构建了二元隔离体制，城市土地无偿划拨。计划经济时期城市化无活力、无效率，也就无发展。改革开放之后，允许乡镇企业利用集体资源（劳动力、土地）完成资本自积累，乡镇企业无偿使用土地进行工业化发展，意味着土地非农化的过程中的地租收益，被无偿让渡给了乡镇企业。在乡镇企业带动下的城镇化发展，广大农民"离土不离乡"，"就地市民化"。而在其后乡镇企业衰落、地租收益直接集中于地方政府，方才有了"以地谋发展"模式下的城市经济蓬勃发展，同时也导致了城市用地扩张速度远快于人口市民化。

第三，总体上来看，在各个阶段新中国一直采取的是"高积累，低消费"的国民收入分配方式。而在土地公有制的制度安排下，政府对地租分配的控制，则是实现整体上国民收入分配"高积累，低消费"模式的关键。在建国初期的发展阶段，国家主要通过农业地租的方式来提取农业剩余，支撑工业化建设，而同时城市土地放弃租金、无偿提供给用地单位。改革开放之后，地方政府成为经济发展的主要推手后，土地非农开发中的城市地租成了地租分配中的最主要构成部分。在经济发展中，先是通过乡镇企业无偿使用集体土地的方式，来推动乡镇企业的资本原始积累。而其后随着《土地管理法》等法律法规出台，地租收益的享有者转变为了地方政府。地方政府进而能够凭借获取高额城市地租的方式，从城市居民中提取剩余，来集聚经济发展所需的资金，强力推动经济建设。

第四，"高积累，低消费"的模式背后，则是政府对居民提供公共物品的水平供应有限、地租水平过高导致的人口城市化障碍。根据已有研究（陈浩等，2012），城市化供给的扩张取决于：① 城市经济与就业规模的扩张；② 城市建设用地规模的扩张；③ 城市住房供给能力的扩张；④ 城市公共产品和社会福利供给能力的扩张等。而在我国的城市化发展中，却存在着城市经济蓬勃发展、用地面积不断扩张的同时，政府在公共物品供应上的户籍封闭行为。城市公共产品分配上的歧视性（户籍门槛）与城乡人口流动的相对自由性成为改革开放以来我国户籍制度演变的重要特征（叶建亮，2006）。因此，导致作为城市中移民主体的外来务工人口，难以获取平等的市民权利，实现市民化。同时，由于在现阶段政府以城市地租的方式来集中财富用于建设，从而导致了城市中房价高企，导致人口市民化成本过高，城市中居民承担了极高的地租，从而也导致了人口市民化的受阻。长期以来，没有合理释放的城市化需求已经累积到了一个惊人的规模，城乡间往复迁移的农村外出务工总量已经达到了一个极高的规模。

4.3.2 进一步的讨论：发展转型与地租收益分配调节

不可否认，"以地谋发展"模式支撑了我国过去多年的经济高增长，但是该模式下除了土地资源配置的效率损失问题之外，由于城市化发展"重地轻人"问题，也对经济发展产生了不可忽视的负面影响：第一，城市经济发展是通过投资驱动、要素驱动，城市居民在高房价的压力下，其消费反而有所萎缩（尹中立，2010）。第二，进城农民无法市民化，也抑制了潜在的消费释放。他们经常最大限度地降低消费增加储蓄，所以这种城市化模式，对我国内需扩大和经济增长有着不可忽视的影响（国务院发展研究中心课题组，2006）。第三，人口城市化滞后的直接后果就是城市集聚效应的损失，中国的城市平均规模过小、集聚不足（Au 和 Henderson，2006）。

2008 年国际金融危机之后，外需萎靡、国际贸易保护势力抬头，传统的外向型、依靠投资驱动、外延式的经济发展模式已经难以为继，中国经济面临着迫切的转型压力。亟待转变经济发展模式，将经济增长的动力转向内需驱动、创新驱动，则需要切实的推进城市化发展、特别是人口城市化发展。因此，国家层面提出了"新型城镇化""以人为本"的发展战略，旨在通过大规模的市民化农业转移人口，释放内需、推动经济发展方式转型，出台了《国家新型城镇化发展规划（2014—2020）》和《国务院关于进一步推进户籍制度改革的意见》等政策文件。旨在通过大规模的市民化城市中外来务工人口来促进消费，促进经济发展方式转型。所以，在当下经济转型背景下，必须对已有的"以地谋发展"模式进行治理转变，推动"以人为本"的"新型城镇化"以实现我国经济发展方式转变。

而转变已有的"以地谋发展"模式，将城市化发展从"重地轻人"转变为"以人为本"，其关键点在于地租收益分配调节：推进人口城市化，将城市公共物品从封闭走向开放，则必然会导致政府的公共物品供应增加，并构建相应的扶持政策，再考虑到我国长期以来累积下来的、规模巨大的潜在城市化人口，其成本将会极高。所以，推进人口市民化，必然会国民财富分配中将会从侧重积累，向侧重消费转变。那么，将地方政府所掌握的、作为国民财富中主要的组成部分、归属全社会所有的地租收益，也应该在分配中进行调节以服务于社会经济发展的需要，从过去侧重于经济建设，转而向民生用途。使城市中居民、特别是外来移民，能够以公共物品的方式分享部分地租收益。通过地租收益分配调节，来降低移民在其市民化过程中的成本，合理协调城市增长中的人地关系。从而体现出社会主义公有制的优势，即能够通过因地制宜、合理的地租收益分配来满足社会经济发展的阶段性需要，提升整体上的社会福利水平；而不是出现如大卫·哈维（1988）所提出的"阶级-垄断地租"问题：城市当中一个阶级凭借土地权利对另一个阶级进行剥夺。从而能够进一步创新中国的社会主义城市地租理论，针对在地租收益分配中侧重建设用途、侧重政府直接参与的传统模式，结合改革开放的新阶段进行探讨，分析论述如何进行地租收益调节，有利于经济我国的经济发展转型需要。

第 5 章 "以地谋发展"的制度成因、地租"攫取-分配"策略及其对城市用地增长的影响

根据国家统计局数据，2011 年，中国城市化率为 51.27%，有史以来中国城市人口第一次超过了乡村人口。但是，城市化率仍然处于偏低水平，与社会经济发展水平不适应，存在着城市化发展滞后的问题（万广华、朱翠萍，2010；周其仁，2013）。与人口城市化滞后形成鲜明对比的是，长期以来，中国的城市建设用地却呈现了过快、过度增长的趋势。大城市呈"摊大饼"式发展，中小城市用地浪费严重（刘志玲等，2006）。"空间城市化"和"人口城市化"之间出现了不匹配（陶然、曹广忠，2008），前者远快于后者：1990—2000 年及 2000—2010 年间城市用地扩展弹性系数分别达 1.71 和 1.85，远高于合理阈值 1.12（梁倩，2013）。

可见，中国城市增长的两个基本维度："人"与"地"两个方面出现了严重的不均衡，"土地城市化"显著快于"人口城市化"。而且，中国的城市用地增长问题有着复杂而独特的成因：地方政府在 GDP 增长上的竞争行为，使得中国的城市空间管理政策，不但包含了经济目标、社会公平目标，更需要实现特殊的政治目标——遏制地方政府的土地扩张冲动（郭湘闽，2009）。而地方政府发展竞争行为与城市用地增长之间产生关联的核心则在于中国独特的土地制度安排及其所支撑的经济发展模式。土地制度赋予了地方政府对土地资源的强力控制权，使得我国不仅仅避开了土地资源稀缺的短板，进而形成了一种独特的"以地谋发展"模式（刘守英等，2012）。从上一章的分析可知，地方政府的"以地谋发展"模式的实质可以归纳为地方政府对地租收益的攫取与再分配行为，作为垄断供地者的地方政府依靠地租收益支撑了快速的经济增长。从经济学的角度来看，对于土地的需求本是一种引致需求，但是在中国当下的经

济发展中土地却起到了发动机的作用（刘守英，2014），从而导致了城市用地增长出现了"以地为本""重地轻人"的扭曲发展问题。

有鉴于此，理清现阶段地方政府选择"以地谋发展"的制度成因、行动策略及其影响，是治理中国城市化发展中城市用地无序蔓延，以及推动人地关系协调、城市化发展向"以人为本"转型的基础。所以，本章余下内容将会做如下安排：第一部分将会探究地方政府选择"以地谋发展"的制度成因。第二部分将会进一步总结归纳，地方政府采取了怎样的行动策略来攫取并分配地租收益以支撑经济建设，从而实现"以地谋发展"，并对城市用地增长产生了怎样的影响，从而提出有待检验的工作假说。第三部分介绍了本章实证的方法与数据来源。第四部分为具体的实证检验过程。第五部分则是最后的研究结论与政策建议。

5.1　财政分权、发展竞争与土地制度：依赖土地的发展模式形成

财政分权是分权理论的核心（严冀、陆铭，2003），我国改革开放之后，中央与地方财政分权的一个直接后果就是地方政府之间出现了以经济发展为核心的相互竞争行为。在财政包干制之下，除了政治目的，竞争还具备了实际的经济利益（刘守英等，2012）。地方政府的收入来源从政府拨款转向地方税收以及可能的寻租收入，追求自身经济利益最大化成了地方政府的主要目标（邢华、胡汉辉，2003）。下级政府在同上级政府谈判的过程中，经济发展成了其筹码，形成了"放水养鱼"的财政包干与地方经济发展的基本逻辑，地方政府的利益主体意识逐渐明确起来（张闫龙，2006）。这种从20世纪80年代开始的地方官员之间围绕GDP增长而进行的"晋升锦标赛"模式是理解政府激励与增长的关键线索之一（周黎安，2007）。所以，理解中国特色的、同时具有经济政治两重因素的区域间发展竞争，是理解中国经济高增长的钥匙。

从发展模式上来看，中国经济的高增长是依靠高投资、高出口和政府主导下的区域间竞争来支撑，而土地制度是保障这一增长的重要因素，土地资源的宽供应保障了上一轮的经济增长（刘守英，2014）。而地方政府为何选择依靠土地资源来支撑经济发展的原因和控制土地资源的制度基础，则可以分别从中国财政分权后地方政府的收入格局和土地制度安排方面来进行解释。

5.1.1 财政分权后的地方收入格局及其影响

新中国自成立以来,就一直处于中央与地方的财政分权关系调整中。1956年毛泽东"论十大关系"讲话中就包含了"中央与地方的关系",并在1958年开始了首次向地方分权的尝试(张军,2007)。改革开放之后,中央与地方之间的财政分权有了突破性的进展,国务院在1980年、1985年分别颁布了《关于实行"划分收支、分级包干"财政管理体制的暂行规定》《关于实行"划分税种、核定收支、分级包干"财政管理体制的规定》。中央向地方分权的幅度之大,以至于在1990年代初期,中央政府的经济调控和行政管理能力大大下降(王绍光,1997)。最终,在1993年出台了《国务院关于实行分税制财政管理体制的决定》,实行了相对较为集权的分税制,中央财政不但独立于地方财政,而且地方财力的近三分之一需要中央财政拨付转移支付进行补助(周飞舟,2006)。

1993年的分税制改革奠定了时至今日的央地财政分权格局,这次有着一定程度中央集权倾向的改革(姚洋、杨汝岱,2014)对地方政府选择"以地谋发展"模式的形成有着不可忽视的影响:第一,财权事权的不匹配,地方财权被上收的同时,财政支出责任不仅没有相应减少,反而有所增加(周业安,2000)。第二,分税制之后,地方政府可控的收入来源主要有二:其一是土地出让收入,其二是通过城市扩张来增加地方政府可支配的税收,如建筑业和房地产业的营业税、所得税等全部由地方享有的税收(蒋省三等,2007)。所以,结合这两点可以看出,在这样一个财政收入权上收而支出权不断下放的财政体制下,地方政府的财政收支平衡很容易被打破,结果就是"逼官征地"(张德元,2006)。第三,分税制之后,地方的税基多依赖流动性税基,纳税主体主要是企业,所以地方政府倾向于对企业而非居民提供公共服务(吕冰洋,2014)。这一情况则导致了城市化发展中地方政府致力于营造良好招商环境,却对吸纳外来人口市民化不感兴趣(Henderson,2009b)。而这三个方面的交互作用最终导致了地方政府在发展竞争中偏好于依靠土地投入、城市扩张的方式获取主要的财政收入,以及吸引企业落户来实现GDP和财税的双提升。

5.1.2 土地制度与政府垄断供地者形成

《中华人民共和国宪法》规定了城市土地属于国家所有,农村、城郊土地除法律规定的特殊情况之外均为集体所有,国家可以通过征收将集体土地转为国有。《中华人民共和国土地管理法》又进一步规定了非农建设所使用的土地，除了在极个别情况下，只能申请使用国有土地，此时的国有土地包括了国家所有土地和被征用后转变为国有的原集体土地。由此可见，集体土地要想投入收益率更高的非农使用，就必须要经过征收程序、转为国有土地。

进一步，在集体土地转换为国有土地和市场供应的过程中，掌握了征地、供地和相关审批权力的地方政府成了城市土地实质上的垄断供给者。法律规定了国务院土地行政主管部门负责全国的土地管理工作，但具体的工作实际上是由地方政府负责执行，国务院主要通过审批规划和地方政府征地申请的方式来进行总量控制。在各级地方政府中，省级行政单位主要的工作内容也是审批下属县市的土地利用总体规划，同时负责权限内的征地审批。负责具体事务的为县市两级地方政府，这两级政府负责审查批准国有土地的用地申请，制定土地出让方案（空间范围、用途、年限、出让方式、时间），同时还负责组织实施征地和管理土地储备①。所以，这套土地管理制度可以概括为中央和省级政府管"批"，城市级政府管"供"（汪冲，2011）。根据张五常（2009）的观点，决定土地使用的权力在哪级政府手中，则该级别政府的经济权力是各级政府中最大的，经济权力越大则相互之间竞争越激烈。所以，我国掌握了具体供地权力的市县两级政府就成了区域间经济发展竞争中的主要参与者，自然会对手中所掌握的土地资源善加利用以满足其发展竞争的需要，也即意味着其将通过土地供应的方式，实现对地租收益的"攫取-分配"以支撑经济建设。

由此可见，分税制之后的地方财政收入格局使得地方政府对建设用地扩张带来的土地出让及相关的财税收入产生了依赖，也产生了利用土地来招商引资、吸引企业的意愿。土地制度则赋予了地方政府相应的权力，使其能够合法地利用土地资源来为其发展竞争服务。而兼具"政治人"和"经济人"双重属性的地方政府，自然会在土地资源利用上采取相应策略以最大限度满足其发展竞争的需要，下文中将会对地方政府实现其"以地谋发展"模式的地租"攫取-分配"行动策略进行系统的归纳。

---

① 相关的法律条文有《中华人民共和国土地管理法》第二十一条、四十四条、四十六条、五十三条。《土地储备管理办法》第三条、第七条、十六条。《招标拍卖挂牌出让国有建设用地使用权规定》第六条、第十条。

5.2 地方政府实现"以地谋发展"的地租攫取分配策略及其对用地增长的影响

5.2.1 地租"攫取-分配"策略：三个方法、两个权衡与一个循环

在发展竞争的激励下和已有的制度安排下，地方政府已经逐渐探索出了一套能够最大程度服务其发展竞争的地租"攫取-分配"行动策略，从而支撑起"以地谋发展"模式，学者们已经对此进行了诸多讨论。在已有研究的基础上，本研究将地方政府这种服务于发展竞争的地租"攫取-分配"行动策略系统地总结为：三个方法、两个权衡与一个循环。该策略组合如图5-1所示。

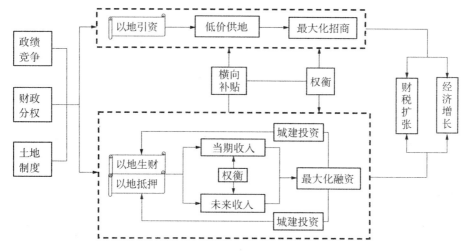

图5-1 地方政府的行动策略

三个"方法"分别为：（1）以地引资，通过工业用地"竞次式"（race to bottom）的价格竞争来吸引企业落户，虽然地方政府在土地供应上属于"赔钱供地"，将一部分地租收益让渡给企业，但是更多的企业落户会扩大税基和GDP。特别是工业企业落户带来的增值税和企业所得税对地方财政的贡献十分重要[①]。根据张五常（2009）的测算，地方政府分享到的 4.25% 工业品增

[①] 根据张耀宇等（2016b）测算，虽然增值税和企业所得税属于央地共享税种，但是地方政府能够分享到的规模以上的工业企业增值税、企业所得税，占地方公共财政的比重能达到四分之一到五分之一之多。

加值大概相当于工业用地成本的 12%，所以地方政府能够通过税收弥补其供地环节的损失。而且，仅从土地出让内部考虑，地方政府也可以在高价格的商住用地上面尽量提高价格获取收益并"横向补贴"低地价引资带来的损失（陶然等，2007）。（2）以地生财，通过出让城市中地价水平较高的商住用地来获取直接的土地出让金以及相关的房地产税费收入。根据《中国国土资源年鉴》的统计数据，2013 年我国的土地出让金规模已经达到了 43 745.30 亿元，而当年的地方政府一般预算收入为 69 011.16 亿元。1999—2013 年，土地出让金/地方一般预算收入比重的均值为 42%[①]，且呈现逐年递增的趋势：1999 年仅为 9.19%，2013 年已经达到 63.39%。由此可以看出土地出让金收入已经成为地方政府实实在在的"第二财政"。（3）以地抵押，不直接出让土地，而是通过地方融资平台，将储备土地以入股、担保、租赁、抵押等方式直接获得金融机构信贷，不仅是一个有效的融资手段，而且比土地出让更为快捷、便利（汪冲，2011）。根据《2014 中国国土资源统计公报》，截至 2014 年底，84 个重点城市处于抵押状态的土地面积为 45.10 万公顷，抵押贷款总额达 9.51 万亿元。可见，土地抵押已经成了地方融资的重要途径。

　　利用这三个"方法"，地方政府能够充分发挥出土地对经济增长的推动作用。进一步，在具体执行中，地方政府还需要通过两个"权衡"来进行收益"最大化"：第一，在可利用土地资源既定的情况下，政府需要对土地资源是用于招商引资还是获取高额出让金进行权衡（陶然等，2007），这一权衡实际上也隐含着如何实现盈利、补贴、让利这三者之间的关系权衡，权衡让利多少来吸引投资，融资获取多少，其中多少用于横向补贴。第二，在城市商住用地供应上，基于对土地未来升值的预期，政府会进行跨期的决策，决定土地是在当期出让，还是采取多抵押、少出让的方式，减少当前土地出让，以将更多的土地留待日后升值，从而实现土地融资的最大化（郑思齐等，2014a）。下表 5-1 中计算了 2000—2011 年的审批建设用地面积、土地供应面积、征地面积，为了消除单独年份异常值带来问题，以及供地周期较长导致的单独年份上供地、审批数据不匹配问题，表 5-1 中取三年的时间段计算均值。可以看出，除了 2000—2002 年这段时间之外，其余时间段中建设用地的审批规模均要大于的

---

　　① 数据来源，《中国国土资源年鉴》(2000—2014)，国家统计局官网。

土地供应规模,同时,大多数时间内,征地面积也大于实际供地面积。这说明地方政府在每一期中并不会将土地全部供应,追求当期的收益,而是存在着跨期的土地供应策略,会将一部分土地留待日后升值。最后,一个"循环"是指在土地完成供应后,地方政府的土地融资收入与城市建设投资这二者之间形成了一种自我强化的循环:充裕的出让金使地方政府有更多的财力进行城市基础设施建设,提升产业发展环境和宜居性,从经济增长和生活质量两个途径间接推动房价、地价上升,进而在未来产生更多的土地出让收入(郑思齐等,2014b),从而使得用地扩张既能够财税扩张,又能够推动经济增长。以东部发达地区 Z 省 J 市为例,1999—2003 年基础设施投资高达 233.27 亿元,其中 14.3% 来自土地出让,72.88% 来自土地抵押(刘守英、蒋省三,2005)。

表 5-1 审批、供应和征地面积对比(单位:公顷)①

均值	2000—2002 年	2003—2005 年	2006—2008 年	2009—2011 年
审批面积	158 820.41	352 176.59	403 589.33	579 543.96
供应面积	218 624.75	262 875.28	294 321.51	462 498.25
征地面积	—	164 195.55	315 863.87	493 004.10

5.2.2 "以地谋发展"影响下的城市用地增长:二产用地、经营性用地之间的分割与联系

通过"三个方法、两个权衡、一个循环"这样系统策略,地方政府实现了以城市地租的"攫取-分配"来最大限度地服务其经济增长需要。或是低地价引资让渡部分地租收益给企业,或是高地价出让直接攫取地租收益以服务于投资建设,从而延续了"高积累"的国民财富分配模式,将城市化发展中的地租收益攫取集中于政府手中,服务于经济建设。地方政府关于地租的"攫取-分配"行动策略自然会直接地影响到城市用地增长,这种土地资源反客为主、服务于经济发展的城市用地增长,在地方政府间以"零和博弈"为特征、不计经济成本和效益的恶性经济竞争(周黎安,2004、2007)驱动之下,必然会导致城市用地增长中出现各种问题。而且,考虑到地方政府在二产用地和经营性用

---

① 数据来源于《中国国土资源年鉴》(2001—2012)。

地这二者之间的利用目标不同、使用的策略不同，导致了城市用地增长问题被分割为有着不同问题表现的两个方面。

一方面，地方政府在工业用地上面低价供应、扭曲土地要素价格，导致了工业用地低效率和过度扩张的问题。我国的土地投资强度远低于日本、韩国、英国等同样人多地少的国家（国土资源部信息中心，2006），且存在着土地闲置和"囤地"问题（常进雄，2004）。2004 年开始的开发区清理，裁撤了开发区总数的 70.1%、面积的 64.5%（徐丹，2007）。同时，土地利用结构失衡，工业用地比例偏高，居住、交通、公共设施服务用地比例不足（章新峰，2010）。2010 年，纽约的工矿仓储用地比重为 7.48%，我国香港地区为 5.96%，伦敦为 2.7%，新加坡为 2.4%（朱明海，2007）。而在我国大陆的城市中，2011 年城市中工矿仓储用地的比重，北京为 24.68%，上海为 28.34%，广州为 39.71%，天津为 29.42%（张耀宇等，2016）。

另一方面，由于工业用地的低价出让、赔钱供地，土地财政实质上是由商住用地出让收入支撑起来的，故也可称其为房地产财政（华生，2013）。所以，对于地方政府而言，房地产业的繁荣、房价不断上涨对其土地出让收入稳定与增长就有了重要的意义，同样的，土地融资也只有在商住等经营性用地上面才能获得收益。所以，地方政府在跨期的土地供应中，基于房价上涨的预期，会有意识地进行出让和抵押的跨期选择，以最大化土地融资（郑思齐等，2014a），这种为了获取最高额的土地融资收入而减少土地供应、将土地留待日后升值再出售的行为，自然会进一步地推动住房价格的上涨。而且，土地融资—基础设施建设的循环在推进城市基础设施的极大改进、城市扩张的同时，这种旨在谋利的城市建设扩张，必然也会导致房价、地价的不断增长。

除了差异性之外，如图 5-1 中所归纳的，城市用地增长的两个方面彼此间还存在着相互联系：二者之间存在着竞争关系，在规划发展空间既定的情况下，城市用地增长倾向于招商引资（以地引资）还是要实现土地融资（出让、抵押）；同时，也存在以经营性用地收益"补贴"支撑二产用地发展的情况，工业用地"赔钱供应"往往是以商住等经营性用地的收入来支撑维系，这一点可从我国的一些大城市中，地王频出的同时，工业用地占比居高不下的情况中得到佐证。再考虑到，商住用地价格上涨时，地方政府会有意识地选择多抵押、少出让，而不是地价上涨就扩大出让规模。因此商住用地价格与二产业用地增长、经营性用地增长之间的关系并不是简单的单向关系，而是可能存在拐点。此外，还需要注意到，也是非常重要的一点，在这种追求土地供应带动经济增长和财税最大化的策略中，政府对待城市人口增长上面也会出现扭曲。政府的人口城市化行为不是基于移民、本地农民的自我选择，而是基于获取土地的考虑。外来务工人口由于其对城市直接的税收增长、土地增长的贡献不大，因此政府虽然允许其在城市中务工、成为经济活动人口来创造价值，但是并不会将其接纳为户籍人口并给予平等的公共物品供给；而对于本地的、特别是城郊地区的农村居民，则不断地通过土地征收等方式获取他们的土地，将其转变为市民，甚至出现了农民"被上楼"的问题。

有鉴于此，在这里提出本章中有待检验的工作假说：在地方政府"以地谋发展"行为的影响下，城市用地增长在二产用地方面追求最大化招商引资、推动工业化发展，在经营性用地方面追求最大化土地融资、推动城市建设，政府在二者间进行协调以实现财税扩张和经济增长整体上的最大化。

5.3 数据来源与实证方法

5.3.1 数据来源

本章中使用 2006—2012 年的省级面板数据来完成实证检验。其中，市县①的建设用地、建设维护支出、土地抵押的数据查询自《中国城乡建设统计年鉴》。城镇常住人口、二三产增加值、规模以上工业企业应缴纳税收数据查询自国家统计局在线数据库。户籍人口数据查询自中国国际城市化发展战略研究委员会历年发布的《中国城市化率调查报告》。商住用地数据查询自《中国房地产统计年鉴》，FDI 数据查询自中国经济与社会发展统计数据库。土地出让、征地、审批的数据查询自《中国国土资源年鉴》。全部数据以 2005 年为基期进行定基处理。

5.3.2 模型设定

根据图 5-1 归纳的政府行动策略及其对城市用地增长的影响，本章分别

---

① 考虑到非农建设主要集中于市县层面，而且土地供应的权力也由这两级政府控制。而且"县"和"市"都是以非农经济为主体，经济属性上并无根本差异，二者间差异主要体现在行政级别。中国"县"按照国外的标准来看也已经符合"城市"的标准。因此，为了最大限度地反映城市化带来的建设用地的变化，本章将《中国城乡建设统计年鉴》中统计的城市和县城两个层面的数据加总。

构建了如式（1）—（3）所示的方程组来进行实证检验。本章将地方政府主导下的城市用地增长分为两个部分，二产用地（SIL）（式1）和城市经营性用地（UPL）（式2）①。这一划分并不是基于严格的用地类型划分，而是根据本章的研究需要、基于上文分析中提出的，地方政府地租"攫取-分配"行动策略的两个方面：推动工业用地规模扩张，最大化招商引资与工业化发展；谋求经营性用地的土地融资（出让金、抵押）规模最大化，以经营城市为手段谋求地租②，并将收益中的一部分用于补贴前者。

为了解释地方政府行为对城市用地增长的影响，在方程组（1）和（2）中放入了土地抵押贷款（LM）、商住用地地价（LP）及其二次项，这二者分别代表了地方政府通过土地抵押和土地出让获取土地融资的能力。同时，为了证明在依赖土地的发展竞争中，地方政府在人口增长上可能存在的扭曲行为，本章将城镇常住人口进一步细分为户籍非农人口（RP）和外来迁移人口（MP）。为了检验地方政府的招商引资行为和工业企业税收依赖对二产用地扩张的作用，在方程（1）中放入变量年度外商直接投资（FDI）、地方政府对工业企业的税收依赖程度（IETR），以及为了检验土地出让收益与政府推动工业发展之间相互作用关系，放入 FDI、IETR 和当年的土地出让收益（LTNI）的交乘项。同时，考虑到 SIL 和 UPL 分别对应着不同的产业用地，因此分别在方程组（1）和方程组（2）中分别放入二产产值（SGDP）和三产产值（TGDP）。

进一步考虑到地方政府有着"以地生财，以财养地"的行为模式，土地出让收入与城市经营建设之间有着相互循环推动的关系（郑思齐等，2014a），本章构建了专门反映地方政府城市建设维护支出（CME）的方程（3）来进一步探究地方政府推动城市建设—土地融二者间的循环作用，以及在此基础上对工业用地扩张的影响。此时，由于 CME 既是方程（1）（2）的解释变量又是方程（3）的被解释变量，则此时形成了一个联立方程组（陈强，2014）。

---

① 扣除了二产用地之外的商住用地、市政公共设施用地、绿地、道路广场用地等其他类型用地之和。由于商住等经营性用地，其本身的价值受到城市中的绿地广场以及基础设施等用地的强烈影响甚至决定性影响。地方政府在经营城市中也是将这些用地类型统筹考虑，方能获取最大化的土地融资收益，因此这里将扣除二产用地之外的建设用地统称为经营性用地。

② 在 2007 年出台的《招标拍卖挂牌出让国有建设用地使用权规定》，虽然将工业用地也列作经营性用地并要求以招拍挂的方式出让。但是地方政在工业用地赔钱供应的行为依然存在，显著区别于商住用地。

$$SIL_{it} = \alpha_0 + \alpha_1 CME_{it} + \alpha_2 LM_{it} + \alpha_3 LP_{it} + \alpha_4 LP_{it}^2 + \alpha_5 MP_{it}$$
$$+ \alpha_6 RP_{it} + \alpha_7 IETR_{it} + \alpha_8 IETR_{it} \times LTI_{it} + \alpha_9 FDI_{it}$$
$$+ \alpha_{10} FDI_{it} \times LTI_{it} + \alpha_{11} SGDP_{it} + \mu_{it} \tag{1}$$

$$UPL_{it} = \beta_0 + \beta_1 CME_{it} + \beta_2 LM_{it} + \beta_3 LP_{it} + \beta_4 LP_{it}^2$$
$$+ \beta_5 MP_{it} + \beta_6 RP_{it} + \beta_7 TGDP_{it} + \delta_{it} \tag{2}$$

$$CME_{it} = \chi_0 + \chi_1 LM_{it} + \chi_2 LP_{it} + \chi_3 LTI_{it} + \chi_4 LTI_{it-1} + \eta_{it} \tag{3}$$

5.3.3 变量设置

方程组中三个因变量分别为：

(1) 二产用地（SIL，Second Industry Land）：以市县建设用地中的工业用地和仓储用地之和代表，单位为平方公里。

(2) 经营性用地（UPL，Urban Profit-Oriented Land）：扣除市县建设用地中的二产用地之后，将剩余的商业、居住、市政公共设施、绿地、道路广场等各类用地加总后求得，单位为平方公里。

(3) 政府的城市建设维护支出（CME，Construction and Maintenance Expenditure）：以市县城市维护建设资金（财政性资金）支出代表，单位为亿元。

方程组中的自变量分别为：

(1) 土地抵押贷款（LM，Land Mortgage）：受限于数据的来源，难以直接找到反映各地方以土地抵押换取贷款的相应数据。参考已有研究（郑思齐等，2014a），本章选择使用城市和县城当年市政公用设施建设固定资产投资中，资金来源为国内贷款和债券这两个数据进行加总来表示土地抵押贷款，单位为亿元。

(2) 商住用地地价（LP，Land Price）：以当年房地产行业土地购置费除以土地购置面积求得，单位为元/平方米。模型中放入该变量用以考察商住用地的"盈利"能力对 SIL 和 UPL 这两类用地扩张的影响。考虑到不同地价水平下，地价对用地扩张的作用方向可能会发生变化，如 LP 上涨会促使政府减少二产用地供应，但是 LP 达到一定价格后，其高价格带来的高收益使得政府有更强的能力补贴引资竞争的损失，反而会推动二产用地扩张。所以在方程组中同时放入 LP 的二次项。

(3) 户籍非农人口（RP，Registered Population）和迁移人口（MP，

Migration Population)：前者以户籍非农人口表示，单位为万人。后者为城镇常住人口减去前者后求得，代表城镇中的非户籍外来务工人员，单位为万人。模型中放入这两个变量，用以观察不同的人口变量对用地扩张的影响有无明显差别。

（4）工业企业税收依赖（IETR，Industrial Enterprises Tax Rely）：由于已有的公开统计数据中并没有相应的统计条目，本章利用规模以上工业企业应缴的增值税和企业所得税数据进行了一个简单的计算：（增值税×25％＋企业所得税×40％）／地方公共财政收入①，单位为％，用以测度地方政府的工业企业税收依赖程度对二产用地扩张的影响。

（5）年度外商实际投资（FDI，Foreign Direct Investment）：以年度外商实际投资数额表示，根据当年平均汇率水平转化为人民币，单位为万元。用以测度外商投资对二产用地扩张的影响。

（6）二产产值（SGDP，Secondary Industry's GDP）：以当年第二产业增加值表示，单位为亿元。用地测度二产业发展对二产用地的影响。

（7）三产产值（TGDP，Third Industry's GDP）：以当年第三产业增加值表示，单位为亿元。用以测度三产业发展度对城市经营性用地的影响。

（8）土地出让收益（LTNI，Land Transfer Net Income）：以招拍挂出让土地出让金代表，单位为亿元。由于工业用地的赔钱供应和基础设施用地往往都是划拨、协议出让，因此真正能给地方政府带来正收益的土地出让一般仅局限于商住用地，但是已有的年鉴数据中并无省级层面的不同类型用地的土地出让数据，因此这里以土地出让中，市场化程度较高、招拍挂方式出让土地获取的出让金代替。为了测度土地出让的收益对政府城市建设维护支出的跨期影响。同时放入一阶滞后项 $LTNI_{t-1}$。

最后，为了实现无量纲化对所有变量取自然对数②。对数化之后，进一步生成两个交乘项：$IETR_{it} \times LTNI_{it}$ 和 $FDI_{it} \times LTNI_{it}$，通过交乘的方式来检验两个变量共同对因变量的影响。在方程（1）中放入这两个交互项，对比单独的变量 FDI 和 IETR 估计结果，检验土地收益对政府推动工业扩张行为是否

---

① 根据相关法律法规，增值税和企业所得税的地方享有份额分别为 25％ 和 40％，因此这里用企业的应缴税额乘以地方的分成比例，来计算出地方政府的实际所获税收。

② 变量 LP 的二次项是在取对数后的二次项。

存在"补贴"效应。

5.4 实证结果与分析

表 5-2 联立方程组估计结果

变量	二产用地	经营性用地	城市建设维护支出
城市建设与维护支出	−0.094*** (0.034)	0.065** (0.028)	—
土地抵押贷款	0.040** (0.017)	−0.075*** (0.016)	0.114*** (0.044)
商住用地地价	−1.693*** (0.239)	−0.834*** (0.227)	0.137** (0.060)
商住用地地价二次项	0.110*** (0.016)	0.045*** (0.015)	—
迁移人口	0.082*** (0.022)	0.075*** (0.021)	—
户籍非农人口	0.647*** (0.047)	0.502*** (0.046)	—
土地出让收益	—	—	0.319*** (0.081)
土地出让收益滞后一阶	—	—	0.240*** (0.075)
工业企业税收依赖	0.171** (0.069)	—	—
工业企业税收依赖与土地出让收益的交乘项	−0.016 0 (0.011)	—	—
外商实际投资	−0.131*** (0.036)	—	—
外商实际投资与土地出让收益的交乘项	0.022*** (0.006)	—	—
二产产值	0.320*** (0.068)	—	—

续表

变量	二产用地	经营性用地	城市建设维护支出
三产产值	—	0.286*** (0.056)	—
常数项	4.525*** (0.888)	4.352*** (0.826)	0.536 (0.327)
观察值	199		
极大似然估计值	−2 239.05		

*、**、***分别表示在 p<0.1、p<0.05、p<0.01 的水平上显著。括号内为标准误。

运用软件 Stata 13.0，以极大似然估计法（Maximum Likelihood Estimate，MLE）完成了联立方程组的估计，结果如表 5－2 所示。方程组中大部分变量通过了显著性检验，且其作用方向基本符合之前理论分析中的预期。方程组 CME 中大部分变量通过了显著性检验，结果表明地方政府在城市建设维护方面的资金支出，显著受到土地抵押（LM）、地价（LP）、土地出让收益（LTNI）及其一阶滞后项的正向影响，结合方程 UPL 的结果，说明地方政府确实存在依靠土地融资来加强城市建设、经营城市的策略。通过城市维护与建设的投资，推动经营性用地扩张、基础设施完善，获取了更多的土地收益之后，反过来又会充实地方政府经营城市的财政能力。而这种依靠不断强化对地租收益攫取的循环，其副作用自然就是不断推高的地价水平。对比方程 SIL 和 UPL 的估计结果，分析二产用地和城市经营性用地这两个方面存在的异同点，可以看出政府"以地谋发展"行动策略对这两个方面城市用地增长有着明显不同的影响。

5.4.1　建设与维护支出、土地抵押与商住用地价格的影响

政府的建设与维护支出（CME）对 SIL 呈现负向显著作用，而对 UPL 则呈现正向显著作用，这说明政府加大对城市建设维护的投入力度，将会间接地抑制二产用地的扩张，但是会促进城市经营性用地扩张。这说明在城市用地增长中，SIL 和 UPL 之间存在着此消彼长的竞争关系，政府扩大城建支出、谋求更多财税收入，将会降低对"赔钱供地"的支撑力度。土地抵押（LM）则对 SIL 和 UPL 分别有着显著的正向和负向作用，说明以地抵押融资能够推动二产用地的扩张，这也符合一般的现实。通过土地抵押获取的贷款往往用于弥

补开发建设的资金缺口，如通过土地抵押贷款进行工业园区开发建设，因此其能够对二产用地开发起到推动作用。对经营性用地，土地抵押融资则起到了一个显著负向的影响，说明抵押融资的金额增加，也意味着潜在的可以用作经营性用途的高价值土地被用作抵押而不是直接开发，进而导致 UPL 增长减缓。

在这两个方程中，地价水平（LP）及其二次项（LP^2）都通过了显著性检验，且其弹性系数一负一正。通过求偏导可以计算出两个方程中地价的弹性系数为：$-1.693+0.22\ln$（LP）和 $-0.834+0.09\ln$（LP），可进一步求解出在方程（1）和方程（2）中 LP 要分别大于 2 198.33 和 10 579.43[①] 才能使得弹性系数为正。说明对于二产用地的扩张，商住用地要超过一定价格之后，才会对其有持续的推动作用，也即地价达到一定水平后，才具有补贴工业用地低价供应的功能，在拐点之前更多体现出竞争关系。经营性用地地价在一定水平之下的时候，基于对未来地价上涨的预期，会减缓其当前的用地扩张速度，而当地价超过阈值后，对当前土地收益的追求会超过对未来地价上涨预期收益的追求，此时地价上涨反而会促进用地扩张。

5.4.2　户籍人口、迁移人口对用地扩张的推动作用

两个人口变量：户籍非农人口（RP）和迁移人口（MP）在 SIL 和 UPL 两个方程中都通过了显著性检验，且都为正向影响。但是前者的弹性系数远大于后者，说明户籍非农人口增加更能带动用地扩张，这是因为户籍非农人口增加一般情况下是由本地户籍农业人口失去土地后转变而来的，因此户籍人口的增加能够更为有力地带动用地扩张。外来迁移人口增加虽然也会产生用地需求增加，但是在城乡二元分割、政府垄断土地供应的情况下，其对城市用地的影响力受到了抑制，远低于户籍非农人口增加对用地扩张的影响力。考虑到经济发展中土地投入所起到的发动机功能，而户籍内外的人口增加对用地扩张起到的作用差别明显，自然会导致地方政府偏好于不断地市民化本地农民，而对外来人口的市民化始终不感兴趣。但是，从人口增长的规模来看，2006—2012 年，城镇常住人口增长了 12 894 万人，其中户籍非农人口增长了 5 900 万人，迁移人口增长了 6 994 万人。相比之下迁移人口的增长要多于户籍非农人口的增长。这两类人群生活就业需要产生的建设用地需求

[①]　2 198.33 元/平方米 10 579.43 元/平方米的价格，从省级数据来看，这一地价已经处于较高的水平，2012 年，超过前者的省份仅有 10 个，大部分为东部地区。而超过后者的省份仅有北京和浙江。

应该是相同的，只是由于现行的土地制度，导致二者对用地扩张的实际影响存在着显著的差别，而这种扭曲自然也会反过来影响城市化发展，导致了城市化发展中的人地关系失衡。

5.4.3　工业企业税收依赖、外商投资与土地收益的补贴作用

变量工业企业税收依赖（IETR）、二产增加值（SGDP）、三产增加值（TGDP）都通过了显著性检验，均为正向作用，这说明工业企业的税收依赖程度越高、二产发展都会推动二产用地的扩张，三产发展则会推动经营性用地的扩张。从变量 FDI 及其与 LTNI 的交乘项的结果可以进一步看出，单独的FDI 对 SIL 呈现负向显著作用，而 FDI 和 LTNI 交乘项则为正向显著作用。说明地方政府吸引 FDI 的地价让利行为，使得土地出让出现亏损，进而会降低地方政府开发土地的能力。但是，如果结合了土地出让收益，则反而呈现出了正向的作用，说明地方政府确实存在着一种利用土地出让的有收益来部分"补贴"亏损部分的行为。

从上述的实证分析的结果来看，其基本上符合理论预期，与上文所提出的工作假说中内容相契合，所以，本章提出的工作假说得证。

5.5　研究结论与政策建议

针对当下中国城市用地增长中出现的问题，本章从地方政府间发展竞争及已有土地制度安排出发，分析了地方政府选择"以地谋发展"的制度成因，并系统地剖析了"以地谋发展"模式的内在机理，即地方政府通过一个怎样的行动策略来攫取、分配地租收益，以最大化的满足其政绩竞争需要，以及在这样的发展路径下，城市用地增长将会受到怎样的影响。利用 2006—2012 年的省级面板数据和联立方程组模型，本章完成了实证检验并证实了所提出的工作假说。

本章研究发现：作为城市土地市场垄断供地者的地方政府，在其"以地谋发展"的模式下，为了最大限度地推动地方财税收入扩张与经济增长，形成了一个系统的地租"攫取-分配"策略，可以概括为"三个方法、两个权衡、一个循环"。"三个方法"分别是"以地引资""以地生财""以地抵押"。两个"权衡"分别是：（1）将土地用于招商引资还是用于获取更多土地融资，（2）土地现期出让获取收益还是留待日后升值再出让。"一个循环"则指的是土地融资与城市建设投资之间的自我强化循环。在地方政府地租"攫取-分配"

策略的影响下，城市用地增长分为了两个不同却彼此相互影响的方面：二产用地侧重于规模扩张、推动工业化发展，满足地方政府的税收和GDP增长需要。经营性用地侧重于最大限度地攫取地租收益，并将收益来补贴支撑二产用地扩张和城市建设完善；地方政府会协调这两个方面以实现财税扩张和经济增长的综合最优。进一步的面板数据联立方程组模型检验的结果则支持了这些观点，模型估计结果表明：① 二产发展、土地抵押贷款、工业企业税收依赖对二产用地有显著的推动作用，以及土地出让收益对二产用地扩张确实有着"补贴"作用。② 经营性用地则受到城市建设与维护支出、三产业发展的推动，其中城市建设与维护支出本身又受到城市用地扩张与建设完善带来的土地出让收益、地价上涨以及土地抵押贷款的显著推动；说明城市经营性用地存在着一个土地融资—城市建设维护投资的自我强化的循环过程。③ 地方政府的城市建设与维护支出显著地推动了经营性用地的扩张的同时抑制二产用地扩张的趋势，说明地方政府在二产用地和经营性用地之间确实有着权衡，增加对一方面的投资则会抑制另一方面的扩张。④ 地方政府在地价上涨的情况下，会有意识地减少商住用地的出让，同时土地抵押贷款规模的增加也会抑制经营性用地的扩张，说明地方政府的确存在着土地抵押与出让之间的跨期权衡。此外，本章还将城镇常住人口分为了户籍非农人口和非户籍的外来迁移人口，发现前者对用地扩张的推动作用远大于后者。这说明在已有土地制度下，市民化本地居民更能够满足地方政府"以地谋发展"的需要，从而间接地为人口城市化滞后给出了一个解释，也可算作本章的一个边际贡献。

从研究结论可知，中国的城市用地增长问题主要是由于在政府主导的城市用地增长过程中，地方政府作为垄断供地者，控制了土地资源配置和垄断地租收益，最大程度攫取地租收益并将其用于推动经济增长，城市用地增长服务于发展竞争的需要而非经济社会发展的实际需要，从而导致了严重的土地资源配置效率损失。所以，相应的治理政策应聚焦于完善市场机制、收缩政府对市场的干预。遵循十八大、十八届三中全会以来所提出的建立城乡一体化土地市场、约束政府征地行为的改革目标，让市场在土地资源配置中起到决定性作用，转变地方的"以地谋发展"行为，让城市用地增长由市场机制起主导作用而不是服务于政绩需要，由微观市场主体自主进行土地资源配置的决策，使得对土地资源的需求回归引致需求。

更为重要的是，地方政府这种"以地谋发展"模式的基础是地方政府对

土地资源的支配权力，地方政府垄断了地租收益分配：低地价引资让渡部分
地租收益给企业，高地价直接攫取地租收益以服务于投资建设，因此是一种
高积累的国民收入分配模式。这种发展模式对过去三十年的中国经济高速增
长有着不可忽视的重要支撑作用，但是在我国当下从投资驱动逐渐转向内需
驱动的经济发展方式转型的宏观背景下，该模式已经难以为继、亟待转变。
已有的改革中，已经提出了推进"新型城镇化""以人为本"的战略目标，
并将其作为我国当下推动经济发展方式转型的核心部分：通过人口城市化来
促进消费、从而使得以往的投资驱动向内需驱动转变。城市化发展模式从
"以地谋发展人"向"以人为本"的方向转变，对经济发展方式转变有着关
键性的作用。

第 6 章　地租收益分配与城市增长中的"重地轻人"：基于经济学视角的一个分析

　　从第 5 章可知，在"以地谋发展"模式下，产生了城市用地过度扩张、低效利用、地价过高等诸多问题。同时，考虑到第 4 章分析中所得出的结论，推进"以人为本"的"新型城镇化"发展来实现经济发展方式转型，是一个变得越来越迫切的改革目标。所以，经济发展转型与城市化发展模式转型之间就有了直接的关联，城市增长从"重地轻人"向"以人为本"的转变，对经济发展从投资驱动、要素驱动向消费驱动、创新驱动的转型有着重大的意义。

　　土地与人口是城市扩张的两个基本维度，城市土地市场与劳动力市场之间存在强烈的关联性（Zenou 和 Smith，1995）。所以，城市增长调控中的"土地"与"人口"这两个方面应该统筹联动，而不是将其当作两个彼此孤立的问题，方能有效实现城市化发展模式转型。已有研究中，学者们已经意识到了城市增长中人口与土地这两个方面的问题需要统筹治理，以一个整体思路来进行分析，并在此基础上给出系统、具操作性的解决方案（陶然、徐志刚，2005）。而统筹治理的核心则在于城市增长中的地租收益分配：在快速城市化发展中，农地非农化带来的土地增值收益急剧增长、成为全社会财富最主要载体之一（华生，2013）。土地收益分配成了决定城市增长形态的核心环节，以往的城市化发展中，土地收益主要被政府以地租的方式攫取，用于支撑城市经济增长、硬件设施建设，如上一章中所验证，一方面"低地价"引资吸引企业，其实质就是政府将其掌握的地租中的一部分补贴企业，另一方面则是直接通过高价出让商住用地尽可能多的将地租集中到政府手中，用于发展建设。而在新型城镇化发展阶段，则需要将城市增长中产生的地租，从主要用于支撑城市建设扩张、补贴企业，转变为主要用于推动人口市民化、补贴劳动者（赵燕菁，2014；陈浩等，2015），从而实现城市增长向"以人为本"的方向转变。

　　有鉴于此，在上一章系统地探究了地方政府"以地谋发展"行为及其对城市用地增长的影响之后，结合"新型城镇化"的发展目标，本章将会从经济学的研究视角出发，以城市增长中的地租收益分配为核心，将人口变量引入城市用地增长调控的分析之中，构建一个系统的分析框架来对城市化发展中"人"和"地"这两个方面进行统筹分析，解释城市化发展中为什么会出现"土地超前、人口滞后"的扭曲，并探究问题的深层次成因是什么。从而为相关的土地制度改革和创新提供可资借鉴的理论分析框架，为推动"以人为本"的"新型城镇化"发展奠定基础。

6.1　城市增长中土地扩张、人口增长与地租分配：一个基本描述

　　本章首先将会构建一个简单的理论模型来描述城市化发展中的人口增长与土地扩张。假定存在一个均质线性的单中心城市，城市之外的农业用地地租 r_a 为常数，城市用地的地租线为 $r(x)$，x 代表城市用地距离城市中心的位置，有 $\partial r/\partial x < 0$，即随着到城市中心的距离增加，地租水平将会下降。D 为单位土地的取得与开发成本。此时城市的边界由地租曲线 $r(x)$ 和 $(D+r_a)$ 的交点决定，如图 6-1 所示。已有研究中，学者们多侧重于论述地方政府如何压低征地补偿，即降低土地取得开发成本为 D，从而获取更多的地租收益。本章在已有研究的基础上进一步引入人口变量进行分析。

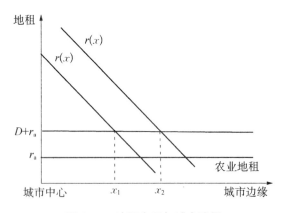

图 6-1　地租水平与城市边界

　　在丁成日（2008）城市增长调控模型的基础上，本章将城市扩张中的人口变量引入讨论，假设城市人口为 n，每个人都只消费 1 单位的土地，则此时人

口数 n 等于城市土地的开发数目 X。通过这样的简化设定使得图形能够同时反映城市中人口与土地的增长。

地方政府需要对城市人口提供一定量的公共物品，假定每个人都消费相同数目的公共物品，地方政府提供公共物品的边际成本函数为 $MC=F(I_0, n)$。其中 I_0 代表存量的城市基础设施，n 代表城市人口。在固定数目城市基础设施的情况下，MC 随人口增长呈现 U 型变化，即随着人口增加，政府新增公共物品供给的边际成本首先是下降的，超过基础设施载荷的阈值后边际成本转而上升。政府可以采取离散型投资的方式来增加存量基础设施，将成本曲线右移。考虑到在现实之中，地方政府无法及时准确地度量出每一单位新增公共物品的边际价格，因此采取平均成本定价的方式。平均成本曲线同样呈现 U 型变化。对于政府而言，存量基础设施既定的情况下，城市土地开发的收益取决于地租收益、公共物品成本、土地取得与开发成本。为了简化分析，集中讨论城市化发展中的人地关系，这里进一步假设农业地租 r_a 和开发取得土地成本 D 均为零。

如图 6-2 所示，MC 为边际成本曲线，AC 为平均成本曲线，在 r_2 的情况下，地租线、AC 与 MC 与地租线交于 (X_0, P_0) 点，为最优均衡点[①]。同时，由于经济发展、居民收入水平提升，地租曲线会向右平移，如在 r_4 的情况下，高地租收益与高成本同时存在，政府可以通过投资对城市的基础设施进行扩容，使得

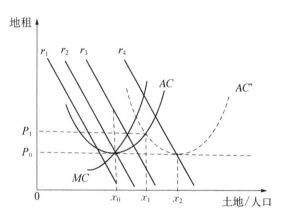

图 6-2　土地/人口增长与公共物品

成本曲线向右移动（AC'），得到新的最优均衡点 (X_2, P_0)，同时由图可知，

---

①　在其他情况下，地租线与 MC、AC 交于不同的点，使得平均成本决定的人规模口相对边际成本决定了的人口规模有所偏离，可能会过多（r_3、r_4）或过少（r_1），以及因此政府有必要采取增长调控来避免可能的效率损失。本文的关注重心不在于此，因此不展开讨论。相关的详细讨论见丁成日（2008）著作《城市经济与城市政策》。

进行基础设施投资决策的城市增长边界点为（X_1，P_1），即当人口增长到 X_1 的时候进行投资扩容，能够有效降低公共物品的成本。

此时，可以对图 6-1 进行重新表达，加入公共物品成本 C[①]。城市扩张的成本重新表示为图 6-3，城市扩张的边界由（$C+D+r_a$）与地租曲线 r 决定。可见，城市化发展的地租收益分配中，不仅仅要考虑到失地农民群体对地租收益分享（D），考虑土地补偿的公平公正，同时，在地租收益的分配中也应考虑到城市新增人口的公共物品支出成本。

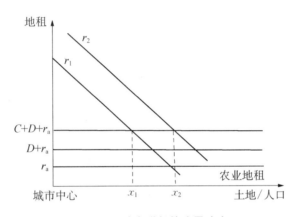

图 6-3　城市增长的边界确定

6.2　城市增长中人地两方面的已有制度安排及其结果

现实中城市增长的发展路径，并不会自发地依据济学原理所描摹的标准路径笔直前进，而是取决于具体制度安排所给出的现实约束条件与激励机制。所以，对城市增长中的土地、人口及二者关系进行了初步探究之后，本章将进一步分析中国在怎样的制度安排之下，城市增长中出现了"土地超前、人口滞后"的扭曲发展问题。

6.2.1　城乡二元体制与政府主导的城市增长

形成于计划经济时期的城乡二元体制，是中国当下城市增长中最主要的制

---

① C 包含了公共物品成本和基础设施投资两个部分。这里假设政府通过增长边界控制与投资扩容时机选择使均衡价格恒等于 P_0，则此时 $MC = P_0$ 为常数。一定时期内，公共基础设施扩容的投资 I 也可以看作一个常数。

度基础。土地制度方面，宪法将土地分为国家所有和集体所有两种产权形式。同时在《土地管理法》中规定，除少数情况，只允许国有土地用于非农建设，且农村集体土地只能通过征地转变所有权形式，才能进行非农开发，握有征地权利的地方政府成了城市建设用地的垄断供给者。人口制度方面，1958 年《中华人民共和国户口登记条例》出台，标志着我国城乡二元体制的全面建立，户籍制度严格限制了人口流动特别是城乡间人口自由流动。改革开放之后，人口迁移的管制有所放松，但是附着于户籍层面的福利分配制度依然存在，地方政府能够利用户籍制度来决定公共物品供给的覆盖范围，即真正意义上的人口城市化水平。

总结而言，在我国城市增长的过程中，市场机制缺失、政府主导作用显著是一个基本的特征（周其仁，2013；文贯中，2014a）。在这样的制度环境下，土地与人口之间的不具有市场经济环境中的那种紧密联系，政府有能力分别决定城市化发展中的土地供给予人口准入。

6.2.2　征地制度、政府垄断供给予城市用地增长

合法的土地征收行为具备三个要件：公共目的（Public Use）、程序适当（Due Process of Law）、公正补偿（Just Compensation）（靳相木，2007）。因此相关的政府征地行为分析也应该从这三个方面展开讨论。

（1）服务于经济建设的广义"公共利益"

对于征地中的"公共利益"界定，中国的法律中一直没有给出一个明确概念。在新中国成立后"落后就要挨打"以及改革开放后"发展就是硬道理"的主流意识形态下，经济建设就等同于公共利益。1953 年《国家建设征用土地办法》中将"保证国家建设所必需的土地"作为征地的基本原则。1982 年的《国家建设征用土地条例》将征地定义为服务于经济、文化、国防等多方面的建设。1997 年土地管理法修订过程中，曾提出严格限定公共利益的内容，但是遭到了产业部门的反对，最终没有写入修订草案（张清勇、丰雷，2015）。可见，我国一直采取的是广义的"公共利益"概念，但是，公共目的或公共利益限定不足为政府滥用土地征用权创造了条件（汪晖，2002）。

（2）补偿标准不当与程序失范

在土地征收中，如果不给土地所有者任何补偿，政府就会无节制地扩大征地范围，直到对于官员而言，公共物品的边际主观价值为零（Johson，1977）。所以，在"公共利益"界定模糊的情况下，合理的补偿成为地方政府征地行为

的主要约束。根据《土地管理法》规定，我国征地补偿标准"按照被征收土地的原用途给予补偿"，"总和不得超过土地被征收前三年平均年产值的三十倍"。但是，以要素产出来定价的思路，在产品和要素市场化水平都很高的情况下才具有合理性，但是我国显然不具备这一条件（陈国富、卿志琼，2009），所以这一补偿标准显然不是一种"公正"的补偿，补偿中没有考虑市场的因素，纯粹是一种政策性的补贴，仍带有计划经济时代的痕迹（鲍海君、吴次芳，2002）。

国家层面上虽然针对征地补偿不断进行调控，补偿标准实质上已经突破了原有的产值倍数法界定的补偿标准，但是并没有给出一个明确的、被社会各界广泛认同的新补偿标准。而从国际经验上来看，世界各国曾尝试过多种补偿标准，但最后合理的补偿标准都收敛于"公平的市场价格"，以市场价格为补偿标准（陈国富、卿志琼，2009）。因此，在缺乏市场机制作为参照系的情况下，政府作为补偿价格制定者而非接受者，就有能力通过制定较低的补偿标准来增加自身所能获取的地租收益。而程序上的失范则进一步为政府这种行为开了绿灯。1998 年修改后的土地管理法删除了评议和协商的条款，征地面积、补偿安置方案等均由政府单方面确定，不再需要与被征地单位商定，也不再与农民签协议（甘藏春，2000），且明确规定征地补偿安置争议不影响征地方案实施，使得征地制度发生了不利于被征地者的转变（张清勇等，2015）。

由此可见，在我国的征地过程中，公共利益的泛化导致了政府征地权利没有得到直接的约束，而补偿标准不当与程序失范则导致政府能够以较低的补偿标准来实现征地，从而扩大政府在地租收益中的分享份额，导致在城市用地扩张中，地方政府实际支出的土地取得与开发成本 D' 将低于合理水平的 D。

6.2.3　户籍壁垒、公共物品供给予城市人口增长

新中国成立之初的户籍制度创设有着我国当时在计划经济路径下、推进国家工业化发展的历史背景（周其仁，2013），彼时的户籍制度就已经存有不让农村人进城分享城市里各种补贴的目的（林毅夫，2012）。当时城市化需求调控核心思路是：严格限制无福利、低福利向有福利、高福利人口的自由转换，从而将享受城市化利益的人口控制在最小范围内（辜胜阻、李正友，1998；Chan，2010）。改革开放之后，对于农村劳动力迁移的约束逐步解除，且不断

提出保障进城务工农民的权益，但是，长期以来以户籍为门槛的社会福利分配制度仍然存在，并没有得到根本的转变。社会福利支出责任主要由省级及以下政府承担，而且长期以来省以下政府支出占大头（国务院发展研究中心课题组，2014）。这种高度分权化、地方承担的筹资体系，显然会产生一种自我封闭的特征。与之对应的是现行的养老保险统筹基本上都局限在县、市、区级之内封闭运营，一旦处于流动性的农民工转移社会保险关系或要求退保，只能转移个人账户的部分，统筹基金却不包括在内（人民网，2015）。

从宏观的城市化发展阶段特征来看，在城市化迅速发展阶段，占主导地位的是聚集。到了城市化的终极阶段，开始出现扩散（沈建国，2000）。所以，我国现阶段也正处于集聚为主要特征的城市化阶段，农民向城市集中是一个主要特征。从微观上的城市化个体来看，我国城市移入的人口绝大部分来源于农村，因此对于流动的人口（进入城市的人口）而言，具有外生的足够低的保留效用（叶建亮，2006）。因此即使受到城市中歧视性的公共服务政策对待，农民也会始终向城市中涌入寻找就业机会，整体上城市化的需求大于供给。在这样的情况下，在中国城市化发展的过程中，地方政府有意愿也有能力，决定投入多少土地用作非农开发来吸纳经济活动人口，同时也能决定多少人口享有城市公共物品，以户籍为门槛，减少福利方面的支出。典型的情况就是：农民工为主体的新迁入人口仅被当作经济活动者，而没有把他们当作具有市民身份的主体，从体制上没有赋予其他基本的权益，也就无法同等地享受城市提供的多种公共产品（王春光，2006；白南生、李靖，2008）。直到 2014 年《国务院关于进一步推进户籍制度改革的意见》出台，国家才正式开始致力于全面破解由于户籍制度导致的这种城市化发展障碍。但这一存在了几十年的制度已经对我国的人口城市化产生了不可忽视的深远影响，导致了城市化发展中的"人地分离"。这一过程可以如下图 6-4 所示。

图 6-4 中，地租线 r_1 与成本曲线 AC_1 的交点为 B，城市人口数为 X_1，此时政府仅仅向 X_0 的户籍人口以 P_0 的价格提供公共物品，而此时由经济活动人口决定的土地开发数依然为 X_1，人口城市化与土地城市化之间出现脱节，政府获得额外的地租收益 ABX_1X_0，其中包括政府节约下来的、至少为 BCX_0X_1 的公共物品成本，也是"半市民化"人群的福利损失。进一步的，考虑在地租线为 r_2 的情况下，此时地方政府应投资 I_1，使基础设施增加为（I_0+I_1），成本曲线右移为 AC_2，地租线和成本曲线交点决定的城市人口为 X_3。但

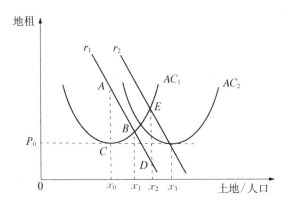

图 6 - 4　常住人口、户籍人口分离与城市扩张

是，出于利益最大化的考虑，政府可以一方面选择开发 X_3 的土地作为城市用地，以供经济活动人口从事生产活动，但同时仅仅向 X_2 的人口提供公共物品，则政府除了获取地租、节约公共物品支出，还节约了城市基础设施投资 I_1 的支出。但此时城市基础设施过载，将会导致公共物品供给的价格偏高与拥挤问题。此外，还有两种情况需要讨论，在地租线为 r_1 的情况下，政府决定开发土地 X_2，而能够吸纳的经济活动人口仅为 X_1 的情况，这种过度开发土地则会导致土地浪费甚至"鬼城"这种极端的情况。另一种情况下，在地租线为 r_1 的情况下，政府开发了 X_2 的土地，并吸纳到了经济活动人口 X_2，此时政府仅向 X_1 的人口提供公共物品，额外获取了地租 BDX_2X_1，但是此时实质上政府减少了至少为 BEX_2X_1 的公共物品支出，且造成了整体上的社会福利损失 BDE。

　　进一步的，在图 6 - 5① 中可以看出，由于政府在土地城市化和人口城市环节压低 D 和 C 的支出，因此其实际的 $D'<D$，$C'<C$，即政府获取每一单位土地和吸纳每一单位人口的成本都低于真实成本。所以政府最终选择的城市土地/人口边界为 X_2，大于真实成本（$C+D$）决定的边界值 X_1。而且值得注意的是，此时出现了人地分离的情况，实际享有市民权利的人口少于对城市发展有贡献的经济活动人口，而且由于土地开发与人口的脱离，会导致整体上的社会福利损失。

――――――――――

① 此处为了使图形较为简洁，减少线条数量，假设农业地租为 0。

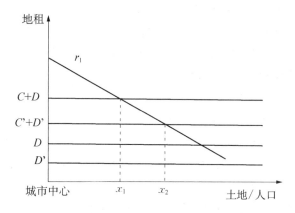

图 6‑5　人地分离情况下的城市增长扭曲

6.3　进一步分析：地方政府为什么会"重地轻人"?

通过上文的分析可知，在已有的制度安排下，地方政府能够有选择推动城市增长，偏好土地城市化而排斥人口城市化。那么，地方政府为什么不断地攫取地租收益，排斥对外来人口的安家落户? 地方政府在推动城市增长的过程中形成"重地轻人"的行为偏好，其背后的原因是什么呢?

6.3.1　地方政府间的反向标尺竞争：重建设、轻服务

财政分权后的地方政府间发展竞争行为，是解释中国经济发展奇迹不可忽视的原因（周黎安，2007）。但是，政府间发展竞争的负面影响也是明显的。在中国式"反向标尺竞争"的影响下，官员行为更多地倾向于向上级展现政绩而不是使辖区内百姓的满意度最大（傅勇、张晏，2007；张晏等，2005；王永钦等，2006），所以地方政府在提供基础设施上展现出了惊人的效率，但是同时由于科教文卫投资的短期经济增长效应不明显（Li 和 Zhou，2005），所以在这些方面政府存在着激励不足的问题。造就了地方政府公共支出结构重基本建设、轻人力资本投资和公共服务的明显扭曲（傅勇、张晏，2007）。

6.3.2　政府"以地谋发展"与土地城市化超前

凭借对土地市场的垄断地位，地方政府形成了"以地谋发展"的经济发展模式：低地价推动工业化、出口导向型工业发展，土地资本化助推城市化发展（刘守英等，2012）。同时，也有学者将地方政府这种土地开发策略归结为广义

的土地财政：在区域竞争中通过低价、过度供给工业用地以及高价、限制性出让商、住用地的行动而采取的财政最大化策略（陶然、汪晖，2010）。在这种情况下，政府凭借行政力量支配土地资源、服务于发展竞争策略，进而产生出对土地城市化的强烈偏好。土地资源的过度开发使用，必然会造成严重的效率损失：根据谭荣、曲福田（2006c）的测算，1989—2003 年间，由于政府失灵扭曲土地价格、排斥市场机制，导致的过度农地非农化占比为 21.7%。但是，在发展竞争导致的政府唯"GDP"导向下，地方政府往往侧重于规模而非效率：作为一个流量概念，GDP 增长完全有可能在投资效益低下的情况下获得，即出现"微观不好，宏观好"的情况（北京大学中国经济研究中心宏观组，2004）。而且，尽管中央不断强调耕保、抑制地方政府过度圈地行为，但是在保发展的前提下，难免会投鼠忌器，每当经济遭遇困难，不得不放宽对地方政府的用地约束①，这就使得地方政府推动城市用地扩张的偏好越发的根深蒂固。

6.3.3 地方政府人口市民化的成本收益计算与人口城市化滞后

在发展竞争的逻辑下，地方政府追求政绩最大化，同时具有"重建设、轻服务"的倾向；那么在人口市民化的政策制定中，地方政府自然也会有着成本—收益计算的内在经济理性。现有的税收格局中，人口流入直接带来的税收增长不多，地方政府偏好于招商引资而对吸引居民落户没有兴趣（Henderson，2009b）。进一步的，精明的地方政府倾向于选择性地向有较高知识、技能和资本即能为地方经济做出较大贡献的人颁发户口，而不愿意向知识技能相对较低的人口敞开户籍大门（国务院发展研究中心课题组，2014），那么城市中新迁入人口中，数以亿计的农民工群体中的绝大部分人自然会被排斥在户籍之外。考虑到市民化需求的主体人群就是农民工群体，那么，则可以认为地方政府形成了一种总体上排斥"人口城市化"的行为偏好。

① 1998 年我国以构建了世界最严格的耕地保护体系，然后由于亚洲金融危机的爆发，国家被迫启动积极的财政政策，促进基础设施建设，导致 1998—2002 年，全国 660 个城市建成区面积增加了 5%，而同期人口年均增长率仅为 1.3%（蒋省三等，2007）。而在 2002 年之后，随着中央的调控，城市扩张减缓，根据《中国统计年鉴》数据，征地面积从 2004 年 1 612.56 平方公里下降到 2008 年的 1 344.58 平方公里，但是随着新的全球金融危机来临，"四万亿"计划出台，征地面积开始回升，2012 年又增加到 2 161.48 平方公里。

6.3.4　激励相容与城市化发展偏好形成

从上文可知，地方政府在发展竞争的驱动下，产生了 "重建设、轻服务" 的基本行为逻辑。"土地城市化" 则与地方政府发展竞争之间存在激励相容，通过 "以地谋发展" 能够有利于地方政府的经济建设。根据李勇刚等（2013）的研究，政府的土地财政显著增加了经济性公共品的供给，却对非经济性公共品的供给产生了明显的抑制作用。而 "人口城市化" 与地方政府的经济发展目标则呈现激励不相容，城市因为户籍制度及与之匹配的社会产品供给制度存在，能够节省的公共支出额度，从而转化为城市净积累的一种 "盈余" 现象（陈浩等，2012）。在这样的行为逻辑下，地方政府产生 "重建设、轻服务" 的偏好进一步演化为城市化发展中 "重地轻人" 的行为偏好，并在已有的制度框架下有选择地推动城市化发展中的 "人" 与 "地"。不仅如此，在 "土地城市化" 的非理性利益裹挟下，"人口城市化" 也会走样：已有的一些城乡统筹试点地区中，政府对农民退出土地的希冀十分明显，强制的土地退出也并不罕见（潘家华，2013）。

6.4　实证检验：地租分配、公共物品供应与人口增长的联动关系

进一步的，为了检验在我国，地租、公共物品供应和人口增长三者间的关系是否如上文所预期的那样。这里采用 Panel-VAR 模型及在其基础上的格兰杰因果检验、脉冲响应函数方差分解，来剖析这三者之间的因果关系和彼此之间的相互影响是否如上文理论模型中所预期的。

6.4.1　模型设置

本章实证使用的数据中，变量公共物品中包含地方政府预算内支出各项目（社保、医疗、教育）的数据，均查询自国家统计局官网，其余变量的数据来源与上文 5.3.1 中一致，时间跨度为 2007—2012 年的省级面板数据，以 2007 年为基期进行定基处理。

本文这里选取的变量有：

（1）土地出让金（LTP，Land Transaction Price），以年度出让土地出让金，单位为亿元。土地出让金是政府作为城市土地垄断供给者，在城市增长中获取的地租。

（2）公共物品（EL，Expenditure of livehood），以地方政府预算内财政支

出中的社会保障、医疗、教育这三项民生支出之和代表，单位为亿元。代表城市扩张中，政府对城市居民所提供的、民生方面的公共物品供给。

（3）城市人口增长方面，分别选取户籍非农人口和迁移人口两个变量。① 户籍非农人口（RP，Registered Population）以户籍非农人口表示，单位为万人。② 迁移人口（MP，Migration Population），通过城镇常住人口减去户籍非农人口后求得，代表城镇中的非户籍外来务工人员，单位为万人。

如上文分析中所述，考虑到户籍人口和迁移人口之间的差异，因此将其放入不同模型中进行估计对比，所以本文这里分别用户籍人口和迁移人口，与出让金、公共物品这两个变量分别组成 PVAR 模型 I 和 PVAR 模型 II。对于滞后阶数的选择，如表 6-1 所示，根据 AIC、BIC、HIQC 的信息准则，可知最优滞后阶数为一阶滞后。因此可以将模型设置为如下式（1）—（3）所示的 PVAR 模型 I 和如式（4）—（6）PVAR 模型 II。

$$LTP_{it} = \alpha_0 + \alpha_1 LTP_{it-1} + \alpha_2 EL_{it-1} + \alpha_3 RP_{it-1} + \mu_{it} \tag{1}$$

$$EL_{it} = \beta_0 + \beta_1 LTP_{it-1} + \beta_2 EL_{it-1} + \beta_3 RP_{it-1} + \delta_{it} \tag{2}$$

$$RP_{it} = \chi_0 + \chi_1 LTP_{it-1} + \chi_2 EL_{it-1} + \chi_3 RP_{it-1} + \eta_{it} \tag{3}$$

$$LTP_{it} = \alpha_0 + \alpha_1 LTP_{it-1} + \alpha_2 EL_{it-1} + \alpha_3 MP_{it-1} + \mu_{it} \tag{4}$$

$$EL_{it} = \beta_0 + \beta_1 LTP_{it-1} + \beta_2 EL_{it-1} + \beta_3 MP_{it-1} + \delta_{it} \tag{5}$$

$$MP_{it} = \chi_0 + \chi_1 LTP_{it-1} + \chi_2 EL_{it-1} + \chi_3 MP_{it-1} + \eta_{it} \tag{6}$$

表 6-1　PVAR 模型的滞后阶数选择

lag	PVAR 模型 I			PVAR 模型 II		
	AIC	BIC	HQIC	AIC	BIC	HQIC
1	−3.264*	−0.944 1*	−2.322*	1.355*	3.675*	2.297*
2	−2.207	0.816	−0.986	1.507	4.530	2.727

6.4.2　实证结果与讨论

在 PVAR 模型估计中，首先为了避免时序数据中存在伪回归的问题，需要针对所有变量进行单位根检验。考虑到本文这里实证所用的数据属于短面板，典型的大 N 小 T 类型的数据。因此选用 Harris 和 Tzavalis（1999）提出的 HT 检验，检验的结果是四个变量均拒绝"存在单位根"的原假设，说明不存在单位根。

其次，在模型估计中，针对面板数据所具有的个体效应，采用 Arellano 和 Bover（1995）所建议的"前向均值差分法"（forward mean-differecing）来去除个体效应。然后进行模型估计，估计结果如下表 6 - 1 所示。

再次，Granger 因果检验如表 6 - 2 所示。人口、出让金与公共物品三者之间，出让金是户籍人口的 Granger 原因，户籍人口也是出让金的 Granger 原因；二者之间互为因果，说明户籍人口增土地出让金之间存在双向互动关系。相对的，迁移人口和出让金之间则没有显著的 Granger 因果关系，说明地租金与户籍人口有关，而与外来人口无关。政府依据行政力量决定土地开发并获取地租，而非人口迁入，在此过程中，失地农民则通过补偿获取一部分地租，外来务工人口则与地租没有关系。此外，在模型 I 中，户籍人口是公共物品的 Granger 原因，反之则不成立。在模型 II 中，迁移人口则与公共物品之间无显著的 Granger 因果关系。公共物品和出让金之间，在模型 I 中，公共物品是出让金的 Granger 原因（10％的显著水平上），反之不成立。在模型 II 中，出让金是公共物品的 Granger 原因，反之不成立。

表 6 - 2　PVAR 模型的估计结果

	PVAR 模型 I	PVAR 模型 II
出让金		
出让金一阶滞后	0.444* （0.258）	0.456** （0.232）
公共物品一阶滞后	1.361* （0.815）	0.289 （0.274）
户籍人口一阶滞后	−8.089* （4.262）	
迁移人口一阶滞后		−0.004 （0.044）
公共物品		
出让金一阶滞后	0.045 （0.032）	0.051*** （0.020）
公共物品一阶滞后	0.844*** （0.125）	0.604*** （0.028）
户籍人口一阶滞后	−1.815** （0.713）	
迁移人口一阶滞后		−0.008 （0.010）

	PVAR 模型 I	PVAR 模型 II
户籍人口		
出让金一阶滞后	0.012**	
	(0.006)	
公共物品一阶滞后	0.012 (0.035)	
户籍人口一阶滞后	0.480**	
	(0.233)	
迁移人口		
出让金一阶滞后		−0.036 (0.051)
公共物品一阶滞后		0.018 (0.179)
迁移人口一阶滞后		0.733** (0.346)
N	124	124

括号内为标准误，＊、＊＊、＊＊＊分别表示在 10％、5％、1％的水平上显著。

表 6-3　PVAR 的格兰杰因果检验

PVAR 模型 I		PVAR 模型 II	
原假设	P 值	原假设	P 值
公共物品不是出让金的 Granger 原因	0.095	公共物品不是出让金的 Granger 原因	0.291
户籍人口不是出让金的 Granger 原因	0.058	迁移人口不是出让金的 Granger 原因	0.928
出让金不是公共物品的 Granger 原因	0.154	出让金不是公共物品的 Granger 原因	0.009
户籍人口不是公共物品的 Granger 原因	0.011	迁移人口不是公共物品的 Granger 原因	0.454
出让金不是户籍人口的 Granger 原因	0.04	出让金不是迁移人口的 Granger 原因	0.476
公共物品不是户籍人口的 Granger 原因	0.725	公共物品不是迁移人口的 Granger 原因	0.920

　　最后，通过脉冲响应和预测误差的方差分解，来进一步解析地租、人口与公共物品之间的关系。估计 VAR 模型的一个重要目标是希望透过 VAR 模型来了解随机干扰项的变动对内生变量未来走势的影响，更明确地说，希望求得"脉冲响应系数"(impulse responses)，特别是"正交化的脉冲响应系数"

(orthogonalized inpulse response)。"正交化的脉冲响应系数"是指某一特定的干扰项"在所有其他干扰项不变的情况下"变动一单位后，会对各个内生变量造成多大的影响，也就是说，冲击反应系数测度的是一个干扰项对内生变量的"边际效应"[①]。本文将考察冲击作用的期限设为 3 年，采用蒙特卡洛随机模拟（抽样次数设置为 1 000 次）方法计算各变量之间正交化的脉冲响应结果。结果如下图 6-6 和 6-7 所示。

从图 6-6 可以看出，PVAR 模型 I 脉冲响应的情况为：（1）土地出让金对公共物品支出的冲击为，同期无响应，第一期为 0.054，第二期为 0.065，第三期 0.057，累积为 0.176。土地出让金对户籍人口的冲击为，同期无响应，第一期为 -0.216，第二期为 -0.265，第三期为 -0.242，累积为 -0.723。（2）公共物支出对土地出让金的冲击为，同期 0.069，第一期为 0.062，第二期为 0.039，第三期为 0.019，呈现出递减的趋势，累积为 0.189。公共物品对户籍人口的冲击为，同期无响应，第一期为 -0.048，第二期为 -0.074，第三期为 -0.079，累积为 -0.202。（3）户籍人口对土地出让金的冲击为，同期为 0.012，第一期为 0.013，第二期为 0.010，第三期为 0.006，呈现递弱的趋势，累积为 0.41。户籍人口对公共物品支出的冲击为，同期为 0.008，第一期为 0.005，第二期为 0.004，第三期 0.003，累积为 0.019。相对而言，户籍人口对土地出让金和公共物品的冲击明显较弱。

从图 6-7 可以看出，PVAR 模型 II 脉冲响应的情况为：（1）土地出让金对公共物品支出的冲击为，同期无响应，第一期为 0.018，第二期为 0.019，第三期为 0.015，累积为 0.052。土地出让金对迁移人口的冲击微弱，累积仅为 -0.01。（2）公共物品支出对土地出让金的冲击为，同期为 0.013，第一期为 0.028，第二期为 0.026，第三期为 0.020，呈现出递减的趋势，累积为 0.086。公共物品对迁移人口的冲击为，同期无响应，第一期为 -0.004，第二期为 -0.005，第三期为 -0.005，累积为 -0.014，影响微弱。（3）迁移人口对土地出让金的冲击为，同期为 0.077，第一期为 0.042，第二期为 0.024，第三期为 0.015，呈现递弱的趋势，累积为 0.158。迁移人口对公共物品支出的冲击为，同期为 -0.028，第一期为 -0.020，第二期为 -0.014，第三期 -0.011，累积为 -0.073。

---

① 引用自钟经樊、连玉君著《计量分析与 STATA 应用》，待出版。

总结两个模型的脉冲响应结果可知，模型Ⅰ中，户籍人口和公共物品支出都对出让金有显著且累积为正的作用。反之，出让金对公共物品的有累积为正的作用，但是却对户籍人口增长产生了一个显著的负向影响，即可能由于地价过高、安居成本过高造成的市民化困难。公共物品投入对户籍人口也有着显著、累积为负的影响，则可能是由于越多的公共物品投入，户籍的含金量越高，导致户籍门槛也随之升高。户籍人口对公共物品则有累积为正、显著的作用。模型Ⅱ中，土地出让金和公共物品对迁移人口的冲击作用都很弱，且不能拒绝冲击反应为零，说明这二者产生对迁移人口并无实质上的影响。同样的，迁移人口对这二者的冲击作用也处于微弱、不显著的状态。同时，公共物品对出让金有显著的推动作用。对比模型Ⅰ和模型Ⅱ的脉冲响应结果，结合上文的 Granger 因果检验，初步可知，地租、公共物品、户籍人口这三者存在较为明显的相互影响关系，而迁移人口则与地租、公共物品之间并无显著的影响关系。

利用面板模型的方差分解，进一步说明影响因素的大小，以此评价每一个结构冲击对内生变量变化的贡献度，因此方差分解是脉冲响应分析的互补分析（潘金霞，2013）。两个模型方差分解的结果如 6-4 和 6-5 所示。模型Ⅰ中，出让金对公共物品的贡献度在 33.4%—40% 之间。出让金对户籍人口的贡献度在 14.9%—29.2% 之间。公共物品对出让金的贡献度仅有 0%—1.5%。公共物品对户籍人口的贡献度为 6.4%—6.8%。户籍人口对对出让金的贡献度为 0%—24.5%，呈现出渐强的变化趋势。户籍人口对公共物品的贡献度为 0%—25.7%，也是呈现渐渐增强的趋势。模型Ⅱ中，出让金对公共物品的贡献度在 4.1%—21.8% 之间。出让金对迁移人口的贡献度在 1.8%—2.3% 之间。公共物品对出让金的贡献度仅有 0—0.3%，几乎为零。公共物品对迁移人口的贡献度几乎为零。迁移人口对出让金的贡献度为近乎零。迁移人口对公共物品的贡献度也近乎零。

方差分解的结果进一步证明了迁移人口与地租、公共物品之间的无联系。同时，还可以看出，出让金对公共物品的影响力要大大强于公共物品对出让金的影响力，也强于户籍人口对出让金的影响力。Granger 因果检验，脉冲响应函数、方差分解三个过程的实证结果一致，均证实了城市增长中存在的"重地轻人"问题：地方政府控制城市增长、获取地租；仅有本地户籍人口（被征地农民）能通过公共物品分享一部分地租，而外来务工人则不能分享到地租和公共物品。

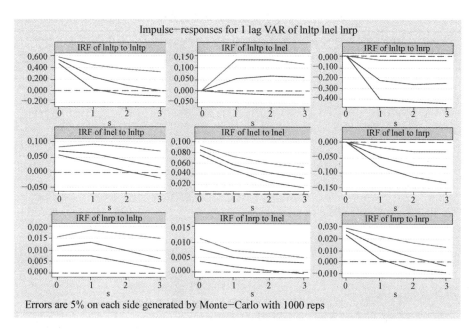

图 6 - 6　Panel VAR 模型 I 的脉冲响应函数

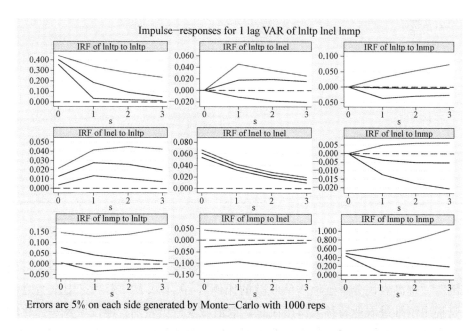

图 6 - 7　Panel VAR 模型 II 的脉冲响应函数

表6-4　模型Ⅰ变量预测误差的方差分解

	期数	出让金	公共物品	户籍人口
出让金	1	1.000	0.000	0.000
公共物品	1	0.400	0.600	0.000
户籍人口	1	0.149	0.064	0.786
出让金	2	0.875	0.007	0.118
公共物品	2	0.400	0.491	0.109
户籍人口	2	0.242	0.064	0.694
出让金	3	0.741	0.015	0.245
公共物品	3	0.334	0.408	0.257
户籍人口	3	0.292	0.068	0.640

表6-5　模型Ⅱ变量预测误差的方差分解

	期数	出让金	公共物品	迁移人口
出让金	1	1.000	0.000	0.000
公共物品	1	0.041	0.959	0.000
迁移人口	1	0.023	0.003	0.974
出让金	2	0.998	0.002	0.000
公共物品	2	0.153	0.845	0.002
迁移人口	2	0.020	0.003	0.977
出让金	3	0.997	0.003	0.000
公共物品	3	0.218	0.776	0.006
迁移人口	3	0.018	0.003	0.979

6.5　已有改革政策之中的待完善之处：人地统筹的调控思路

近年来国家不断地推进改革深化，重要的政策文件中反复提出"缩小征地范围"，"提高农民分享土地增值收益的比例"，在十八大、十八三中全会之后更是提出了推进农业转移人口市民化、取消城乡户口差别、建设城乡一体化的土地市场、公共服务向常住人口覆盖等明确的改革目标，其中业已涵盖了对土地城市化、人口城市化的调控内容。但是，从城市增长中人地问题统筹治理的角度来看，已有的改革政策依然存在着不足之处亟待完善。

首先，虽然国家宏观政策上不断消除对农民市民化的政策阻碍，但是在目前城乡间收入水平、公民权利极大不平等仍然存在的格局中，农民在城市安居落户依然需要政府的财政扶持。例如，根据中国社科院城市发展和环境研究所研究团队（潘家华等，2013）的计算结果：全国平均的人均市民化公共成本为13 万元，个人支出约为 1.8 万/年。除此之外，农民还需要集中支付一笔住房费用，为 10 万元/年。但是，当下农民家庭的资产中位数仅有十多万（甘犁等，2012），可见依靠农民自身恐怕难以负担，政府的扶持政策、转移支付必不可少。

其次，国家不断强化农民土地产权，在《中共中央关于全面深化改革若干重大问题的决定》中已经赋予集体经营性建设用地入市交易的资格，宅基地抵押、有偿退出的改革政策也在不断推进。土地资源禀赋不具有可交易性和置换性造成的农村移民迁入城市的高安置成本（张良悦，2011）的部分问题已经得到克服。但是，城市增长只会提升城市周边土地的价值，对于占农业转移人口绝大部分的农村外出务工者，大部分人在家乡土地只能以原用途价格出售，所得补偿收入自然难以抵消市民化的支出成本。

再次，既然通过土地产权完善，土地市场交易来抵消部分农民市民化的成本的做法，并不能解决绝大多数的外出务工者所面对的困难，那么政府的扶持政策就成了关键所在，有学者（张良悦，2011）已经意识到了，对农民土地资产退出的补偿不能按照资源本身的价值去补偿，而应该按照迁入地户籍的福利包去补偿，但是，支付了福利包的成本，却不能增加辖区内的经济效益，地方政府自然会缺乏实行的动力。现实之中，地方政府宁愿在高安置补偿成本的情况下市民化本地农民以谋取用地空间，也不愿意支付较低的成本市民化外来务工人员。而且，政府这种排斥外来人口市民化的偏好并不能仅仅靠财权事权匹配的方式解决：通过"四万亿"刺激计划中建设保障性住房完成不足 30% 这一事实可知，出现大量的地方债务已经不是因为地方政府的收入不够，而是因为地方政府的激励机制没有转变，即便中央政府承担更多的事权也无法解决问题（刘煜辉、张榉成，2010）。

最后，单纯地强调提高征地补偿，忽视了城市土地开发的地租收益中外来务工者应享有的部分，反而有可能会阻碍人口市民化：与城市经济学中西方国家农民市民化成本收益率规模递减规律相悖，我国的市民化成本收益率（家庭总成本/家庭总收入）随着城市规模加大而递增（陈广桂，2004），而造成这一困境的原因在于住房成本过高（陈广桂、孟令杰，2008）。所以，强调提高征地补偿可能反而会导致政府的成本转嫁行为、提高新迁入人口的安居成本[①]，进而会阻碍人口城市化。

可见，已有的改革政策对于地租收益分配与城市新迁入人口市民化之间的重要联系关注不足，在改革政策中并没有构建"人地挂钩"的政策调控机制，没有将"人"与"地"两个方面协调统筹，将会导致已有的改革政策对于城市增长的调控作用尚存有不足。

6.6　总结与政策建议

运用经济学的研究方法，本章将人口变量引入到城市土地扩张的分析框架之中，构建了能够同时反映城市增长中人地两个方面的理论模型，并系统地剖析了城市增长过程中"人""地"及二者之间的关系，并解释了为什么会出现城市增长"重地轻人"的问题，并通过 PVAR 模型进行了实证检验，检验了地租、公共物品与人口这三者间的关系。

本章的主要研究结论是：已有的城乡二元体制下，城市增长的过程中市场机制缺失，政府行政力量实际控制了城市增长中土地与人口两个方面，在区域间发展竞争作用下，政府有意愿也有能力将其在发展竞争中的"重建设、轻服务"的偏好进一步演化为城市化发展中"重土地、轻人口"的偏好，割裂城市化发展中"人"与"地"之间联系，有选择地推进城市增长以满足自己的发展竞争需要：一方面不断扩张城市用地规模，以容纳尽可能多的经济活动人口，攫取尽可能多的地租收益并将其用于城市建设等用途。另一方面，则严格控制享有城市公共物品的人口规模，地方政府攫取大部分城市增长中的地租之后，仅以公共物品的形式将部分地租分享给户籍人口（包含失地后的农民），而非户籍的外来务工人口则不能以同样的方式分享到地租收益，地租收益分配的不合理导致了城市用地扩张和人口城市化（公共物品户籍内封闭）之间不匹配，

---

①　公益用地是非营利的，地方政府对于招商引资需要的工业用地尽力压低成本，而对商住用地则通过"招拍挂"的方式尽力拉高地价以获取财政收入、补贴工业用地损失（陶然等，2009）。所以地方政府在征地补偿上面付出高成本后，很有可能会进一步转嫁在商住用地价格上面。

从而导致了中国城市化发展中"重地轻人"的扭曲格局。

　　所以，要实现对城市化发展中"土地城市化"快于"人口城市化"问题的有效调控，推进人口城市化的同时合理控制土地城市化，就必须在已有改革政策中加入"人地挂钩"的联动调控思路。在相应的制度改革中，除了要推进要素配置的市场化机制完善，还要恢复城市化发展中"人口"与"土地"之间的紧密联系，形成一个城市增长中人地统筹的调控思路，系统的解决城市土资源开发、地租收益分配中的"人地脱钩"问题。将地租收益分配与人口城市化相挂钩，不仅要强调失地农民对地租的分享，还需要关注到城市外来务工人口以公共物品的形式对地租的合理分享，方能够将实现城市增长过程中的人地关系协调，在抑制"土地城市化"过快的同时，合理的推进"人口城市化"。

第 7 章　怎样的地租收益分配调节有助于实现"以人为本"的路径转变？

　　从上文可知，在中国已有的土地制度安排下，政府行政力量垄断城市土地开发供应，直接控制地租收益分配，形成了"以地谋发展"的模式。通过政府对城市增长中土地增值收益的垄断，克服了我国发展初期的资本短缺问题，成功推进了制造业发展并拥有了完善的城市基础设施（赵燕菁，2011、2014）。但是，随着经济发展方式的转型压力加大，这种政府直接干预土地资源配置、垄断地租收益、用以支撑经济建设，从而强力推进经济增长的"以地谋发展"模式已经难以为继、亟待转变：改革开放之后我国经济在过去三十年属于要素驱动、投资驱动（刘守英，2012）。因此依靠政府垄断土地资源配置，快速投入土地要素和攫取土地收益服务于建设能够有力的推动经济发展。但是随着经济发展进入不同阶段，投资驱动将会向消费驱动转变（罗斯托，2001）。所以，在经济发展方式转型的背景下，"以地谋发展"模式下"重地轻人"的城市增长模式，必然将难以为继。

　　相对应，国家层面上提出了"以人为本"的"新型城镇化"的战略，则是在经济发展方式转型背景下的积极策略：市民化城市中规模巨大的非户籍外来迁移务工人口，能够促进消费提升，从而推动我国经济在更高水平上的增长（国务院发展研究中心课题组，2010）。而新型城镇化、农民工市民化作为一项"先予后取"的长期性的系统工程，需要支付为进城农民工提供巨额的公共服务成本之后，被市民化的人口方能释放出有效的消费需求（石忆邵，2013）。而如何来"予"，则依然需要从地租收益分配着手，将经济发展中的"土地红利"从主要用于城市物质环境建设转变为人与环境的协调、特别促进农村转移人口的市民化之上（陈浩等，2015）。将政府主导下的地租收益分配从已经处于过度甚至浪费的"建设"用途，转向能够带来更高边际收益且有利于社会公

平的 "民生" 用途,特别是用于扶持外来务工人口的市民化,从而实现以城市化发展转型带动经济发展模式转型升级。在城市增长从 "重地轻人" 向 "以人为本" 的转变过程中,如何改革已有的、支撑了 "以地谋发展" 模式的土地制度及在其基础上的地租收益分配模式,通过构建系统的调控政策体系进行调节,使其能够满足城市化发展转型的需要,特别是将地租收益分配与人口市民化相挂钩,使外来人口合理分享城市地租,有助于实现城市化发展的 "以人为本",成了一个不可回避的重要问题。

所以,在本章中将会探索相关改革路径,对于现阶段的中国而言,依据怎样方向和原则构建调控政策体系,能够有助于实现 "以人为本" 的城市化发展目标。本章下面的部分安排如下:第一,针对中国当前已有的土地制度改革问题,总结归纳国内学者的不同观点和争议。第二,将根据城市土地开发利用的特殊性,来论述城市地租分配的基本原则是怎样的。第三,以成功实现了城市化的、实现了对发达国家追赶的后发国家日、韩为例,来解释在后发国家、快速城市化发展中,如何通过政策调控协调地租收益分配,实现以人为本的城市化发展。第四,结合上文研究,对中国已有的相关改革试点做法进行详述,总结归纳各种模式,总结评述其在推进人口市民化目标中的作用。第五,在对国内外相关经验作法分析总结的基础上,得出本章的研究结论,为构建相应的城市增长调控政策提供理论依据。

7.1 问题的提出:城市化与土地制度改革

7.1.1 土地制度改革的关键点:城乡一体化的土地市场构建

改革开放之后,中国进入了一个双重转型的发展阶段:从计划经济体制向市场经济体制转型、从传统的农业社会向工业社会转型,其中体制转型是重点(厉以宁,2013)。但是,在改革开放之后以市场经济为导向的转轨中,土地资源配置方面的改革却相对滞后:我国绝大多数产品和生产要素都已完成由计划配置向市场配置的转变,但是,土地资源却是为数不多的加大审批、上收权利、强化政府垄断的生产要素之一(蒋省三等,2007)。1988 年的宪法修正案允许了土地资源有偿使用,但是在 1986 年出台的《土地管理法》中,就已经以法律的形式将农地转为非农建设用地的审批权力上收到地方政府手中,使其垄断了农地非农开发的权力以及城镇建设用地的一级市场供应(陈会广等,2014)。土地市场化发育不完全则成了其后中国社会经济发展中很多问题的深层次诱因。地方政府垄断了城市土地开发的地租收益，主要将其用于服务于经济建设用途[①]。

　　减少政府干预、推进土地资源配置的市场化、保护农民群体土地财产权利、构建城乡一体化的建设用地市场，一直是学界主流的观点，已有的土地制度改革也是沿着这样的方向推动，如城市一级土地市场的逐步完善。但是，在更为重要、也是更为根本的农地非农化开发环节，市场化改革的进展却相对滞后，在城乡二元土地制度之下，政府一方面依靠行政权力征地，另一方面作为垄断供地者来出让土地，垄断土地资源的市场投放和土地非农化增值收益的局面并没有本质改变。直到 2013 年十八届三中全会上通过的《中共中央关于全面深化改革若干重大问题的决定》中明确提出"紧紧围绕使市场在资源配置中起决定性作用深化经济体制改革""建立城乡统一的建设用地市场。在符合规划和用途管制前提下，允许农村集体经营性建设用地出让、租赁、入股，实行与国有土地同等入市、同权同价。缩小征地范围，规范征地程序，完善对被征地农民合理、规范、多元保障机制"。2015 年国务院大范围地选取了 33 个土地改革试点地区，分别试点宅基地制度改革、集体经营性建设用地入市、征地制度改革这三个方面的改革，并授权其可以暂停某些法律规定，进行法律范围之外的探索。可见，城乡一体化的建设用地市场构建，打破政府垄断的城市土地供应、构建城乡一体化市场的改革，刚刚才进入了实质性阶段。

　　7.1.2　关于土地改革的观点分歧：市场主导还是政府主导？

　　随着土地制度改革进入实质性的阶段，理论界在土地制度改革上却有着意见分歧，且学者们的讨论也涉及我国的另一项重大战略目标：新型城镇化，使得土地制度的改革问题更加地复杂了起来。

　　学者们的观点可以分为三类：

　　(1) 持鲜明的市场化观点的学者认为，市场价格机制是城乡土地资源配置的基础，基于价格信号的自发个体决策在资源配置效率方面要显著强于少数政府官员在掌握信息不完全情况下所做出的决策，所以不应因所有制差异而剥夺集体土地的非农化开发权利，土地资源应不分种类和所有制，平等接受土地价格调节，供需双方自由匹配，所以，土地资源配置应以市场为主、政府规划为

---

　　① 关于城市土地出让金的归属、用途与分配，详见文末附录中的表格。

辅，如此方能形成有活力有效率的城市化[①]。

（2）对政府垄断城市土地开发供应制度持赞许、支持态度的学者认为，通过土地财政我国政府聚集了强大的财力，克服了发展之初的资本短缺问题，实现了真正意义上的"涨价归公"。从而能够大规模地进行城市建设和通过地价补贴推动工业化发展，一旦放弃该制度，将会导致我国在发展中的优势丧失，城市化发展将会由于资金不足而陷入劣质的城市化，企业得不到补贴导致竞争力下降[②]。该类的观点可以概括为"现实的就是合理的"（张曙光，2015）。

（3）此外，也有学者提出了相对折中的观点：在快速城市化发展的过程中，城市扩张可以看作公共利益的需要，由政府统一行使征地权利有利于降低城市建设的成本、公平分配土地增值收益，但是，以后的改革中需要斩断政府对土地收益的攫取与依赖、切断其卖地牟利的道路，废除"土地财政"。让政府成为一个中立的土地管理者与公共利益的保护者[③]。

同时，学者们也都意识到了城市土地开发权利的安排对人口城市化的巨大影响：坚持市场导向改革的学者指出在现阶段，城中村中居民自发向市场提供的小产权房有着解决进城务工者住房问题的重要功能（周其仁，2014；文贯中，2014a）。而坚持政府主导土地一级开发、"土地财政"不可贸然取消的学者，也提出了针对"人的城市化"的目标，可以考虑对土地财政进行转型和升级，将地租收益从过去的补贴企业转变为补贴劳动者（赵燕菁，2014）。持较为中立观点的学者也提出了需要政府垄断地租收益并向城市新迁入人口倾斜，但是同时也提出了政府应在土地事务中不应有利益牵绊（华生，2013）。

7.2　城市土地利用外部性决定的地租分配模式：公私权利协调

在学者们的争论中，持不同观点是由于其侧重点不同，其本质仍可归纳为地租收益分配问题，也即土地增值收益分配中的初次分配问题。支持土地资源配置市场化改革方向的学者，侧重点在私权利的完善与保护，允许土地权利人以市场交易的方式获取地租收益，通过市场机制提高资源配置效率。强调价格

---

①　完整的阐述了该观点有周其仁（2013、2014）、文贯中（2014a、2014b），相关著述见后文参考文献。

②　完整的阐述了该观点有贺雪峰（2013、2014）、赵燕菁（2011、2014），相关著述见后文参考文献。

③　完整的阐述了该观点有华生（2013、2014、2015），相关著述见后文参考文献。

信号引导下、微观市场主体依据自身的土地权利，在利益驱动下的各自决策对资源利用的效率要高于政府决策下的资源配置效率，从而能够推进整体上的土地利用效益提升，政府应尊重私人的产权、仅以税收等方式间接参与地租收益分配[①]。相对的，认为需要坚持政府主导或保留部分政府直接干预权利的学者则侧重于公权力对社会整体福利的保障作用，政府对地租掌握能够更好地保障公共利益，克服外部性导致的市场失灵问题，实现真正意义上的"地利共享"，从而能够更好地满足社会经济发展[②]。

　　基于私人权利和意志、价格信号和利益驱动下的土地资源市场化配置，是城市化发展中土地有效利用的基本保障。在市场机制与竞争机制的作用下，边际收益较低的土地用途向边际收益较高的土地用途转化（曲福田等，2001），城市用地在相对农业地租更高的非农用地地租的驱动下不断扩张。从土地所具有的资源与资产二重性特征（刘书楷等，2006）来看，土地资源用于经济活动能够带来的"红利"可以分为两个方面，一是土地作为使用价值直接投入经济活动所产生的土地资源红利，二是通过交易实现的经济价值增值及其利用所产生的土地资本化红利，后者能够通过市场机制实现资源配置效率提升从而拉升整体上的土地红利（陈浩等，2015）。由此可见，市场机制是保障土地有效利用、地尽其利的基础。

　　另一方面，不同于其他资源，土地开发和使用过程中存在着严重的外部性

---

　　① 如周其仁（2014）在《城乡中国（下）》中写道："市场"固然没有"规划"那么具有权威性、强制力以及知识上的高度自负。可是，自愿、自由并自发的市场更富有弹性。当更多的人口互相竞争因规划出错未能及时提供的土地、空间以及其他稀缺资源时，有关资源的相对价格就会上涨，同时刺激供给并抑制需求。无论在哪里，在画的漂漂亮亮的规划里面找不到位置的人，总可以在熙熙攘攘、嘈杂、混乱、无序的市场里求得一席之地。又如文贯中（2014a）在《吾民无地：城市化、土地制度与户籍制度的内在逻辑》中提出，要纠正今日城市化中的误区……走提升法治精神、坚持市场主导、政府为辅的城市化路径……必须改革现行土地制度，允许土地自由流动，实现城市土地供给的多元化和土地产权的多元化。再次，切实引入土地增值税、物业税和房地产税等财产性税收制度，替代流通性税收制度，使得城市建设有源源不断的财政收入做保障。

　　② 如贺雪峰（2013）在《地权的逻辑Ⅱ：地权变革的真相与谬误》中写道：土地财政当然是有道理的，因为土地是公有的，且是用于城市建设。若没有土地财政，城市建设要么更加依赖中央财政支持，要么需征更多税，要么只能是一个破烂城市…… 地方政府有土地财政，并合理用好土地财政，是"地利共享"的一个重要方面。又如华生（2013）在《城市化转型与土地陷阱》中写道：实现城市化和现代化，意味着占我国人口绝大多数的农民转化为市民，这个支出显然不能主要靠现有税种税收来负担，更不能靠财政赤字和发行货币，而主要是靠人口城镇集聚和城市基础设施投入带来的城市土地增值收益。赵燕菁（2014）认为，政府以土地税收的方式代替土地财政来参与级差地租收益分配，是一个极其复杂且具有风险的过程，需要经历"间接税向直接税"和"宪政改革"这种巨大而复杂的变革。

问题,市场机制并不能完全有效地协调土地开发利用中的利益关系,需要公权力介入进行调节,不能完全由市场机制决定。在这一点上,即使是自由经济的旗手哈耶克(2012)也持肯定的态度:"由于在密集近邻关系中,价格机制只能不完全地反应一位房产所有者的行动可能对其他人带来的利益损害,因此,私人财产权或缔约自由的一般准则没有为解决城市生活所引起的任何复杂问题提供直接的答案。""如果应当实现有效损益平衡,那么因一项措施引起的所有损益均有必要归规划当局管理,它必须有能力承担责任,收缴房地产所有人的房地产增值(即使实施那些引起增值的措施违背某些所有人的意愿),而对那些房地产价值受损的人提供补偿","在实际操作中,当局一般不必收购,而是凭借它强买权力,有能力与所有者议定一笔双方同意的收费或补偿金。而当局的唯一强制权力是按市场价值充公房地产,所有合法权益都可获得保护。"

从国际经验上来看:土地私有制国家和公有制国家正在从两个不同的出发点,走到土地公权和私权相互平衡的共同道路上来。一方面,以英国为代表的土地私有制国家,都曾通过多种比较激进的改革措施,强化国家土地公权力的实施,以保障城市化和经济发展计划的顺利推进;另一方面,波兰、越南等原社会主义国家,正在积极推进各种不同形式的土地私有化改革中,明确土地私有权益,以提升土地市场活力,提高土地利用效率(王世元,2014)。1976年,联合国在温哥华举行了人居会议,达成了关于改进人居质量的一项综合性规划并提出了 64 条建议,其中明确提出了,"土地是一种稀有资源,它的经营管理应受公众监督或国家利益的控制","变更土地的使用性质特别是从农业用地变为城市用地,应服从公共管理及规定","由于土地变更使用性质、公众投资或决策,或者由于社团的普遍发展而促使地价上涨造成自然增值,必须接受公共团体(社团政府)的合理征收,除非另外采取措施,如新的所有权方式、公共团体的一般土地收购等"(余庆康,1994)。

由此可见,现实中并不存在 "市场主导" 和 "政府主导" 这样的绝对论断,以公权力为基础的政府干预和以私权利为基础的市场配置二者之间并不是非此即彼的完全对立,而是因地制宜的彼此协调。在土地公有制的国家探索土地资源配置市场化机制推进的同时。即使在资本主义国家中,地产权也是财产权中最弱的一环,受到政府多个方面的限制和管理,使得私有财产神圣不可侵犯的格言几乎成了一句空话(柴强,1993)。如英国在承认土地私有制前提下,通过土地发展权国有化,在全国范围内推行开发计划许可制度,强化公权对私权的限制，实现土地开发收益返还社会。法国的建筑权类似于土地发展权，规定属于土地所有权的建筑权有一上限限制，超过部分归国家所有（王万茂、臧俊梅，2006）。在土地收益分配中，世界各国在收益归公和产权收益保护之间一直处于着相互博弈的关系（朱一中、曹裕，2012），并没有纯粹的"归公"与"归私"，而是根据自身国情、发展需要的土地权利公私协调。所以，对于处于快速城市化发展阶段的我国而言，应探索如何能够因地制宜的协调土地权利的公私两方面。所以，在下文将会介绍同为东亚国家的日韩两国，在其快速城市化发展中，如何在土地私有制、市场机制为基础的情况下，合理协调土地权利公私两方面，推进城市化发展中的"以人为本"。

7.3　成功城市化国家中的土地权利公私协调：以日韩为例

7.3.1　实现了成功城市化的后发国家：日本与韩国

在 20 世纪，特别是 20 世纪的下半叶，世界城市人口快速增长的基本原因是发展中国家城市化的大发展，世界城市化水平提高的关键在于发展中国家的城市人口快速增长（俞金尧，2011）。虽然经济发展水平与城市发展水平之间存在着紧密的联系（钱纳里，1988；周一星，1982；Henderson，2000）。但二者间并非简单的因果关系，而是一种平衡（equilibrium）关系（Henderson，2009a）。城市化发展的形式影响经济发展，但是城市化本身并不影响经济发展（Henderson，2003）。这也就意味着城市化率提升并不一定会导致经济发展水平的同步上升，如图 7 - 1 和图 7 - 2 所示，图中利用 2011 年 191 个国家和地区的数据，分别绘制了城市化率与人均国民收入、人均 GDP 之间的散点图。可以看出，总体上来看，城市化率提升的同时人均国民收入、人均 GDP 也会随之提升，但是高城市化率、低人均收入、低人均 GDP 的国家也有相当的数量。

可见，城市化并非是成为发达国家的充分条件，而是必要条件：除了少数特例（石油国家）之外，绝大多数的发达国家都是完成了城市化发展、拥有高城市化率的国家，实现了城市移民的"可融入"，没有大规模的城市贫民窟（华生，2013）。而以是否实现移民"可融入"为标准来看，二战后的后发国家中，仅有日韩完成了成功的城市化，并成功迈入发达经济体的行列。与之形成鲜明对比的，绝大部分的发展中国家并没有迈入发达经济体的行列，而且城市化发展中存在着严重贫民窟问题：发展中的人口大国如巴西、印度、墨西哥等，也都出现了严重的贫民窟问题；人口超过 1 个亿的发展中国家，在其城市化加速的过程中,一般都会出现农村贫困人口迁移带来的相关社会问题(温铁军、温厉,2007)。大量生活在贫困线以下的人口拥挤在贫民窟之中,享受不到作为城市公民所应享有的经济社会发展成果、引发社会对立(韩俊等,2005),贫民窟的社会治安管理难度高、成了犯罪的沃土(张海敏、贾津生,2006)。而且,失败的城市化则伴随着经济发展停滞,如拉美国家,在二战后进入一个极为快速的阶段:1950 年,拉丁美洲的城市化率为 41.4%,城市化率超过 50% 的仅有 3 国,而在 2000 年则上升为 75.3%,多达 18 个国家的城市化率超过了 50%(郑秉文,2011),但是在城市化率快速升高的同时,拉美地区却陷入了"中等收入陷阱"。

　　日韩能够实现成功的城市化,没有出现移民的不可融入、"贫民窟"问题,并在城市化完成的同时迈入发达国家的行列,因此其经验对现阶段提出了"新型城镇化"战略、经济转型中的我国有着重大借鉴意义,特别是这两个国家土地私有制的国家,在其快速城市化、土地价格快速上涨的过程中,通过政府公权力合理介入,有效实现了地租收益"涨价归公"并保障了"以人为本"的城市化发展。

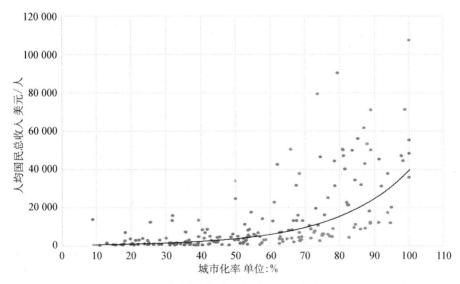

图 7-1　城市化水平与人均国民收入[①]

---

　　①　数据来自世界银行在线数据库,网址:http://data.worldbank.org.cn/。

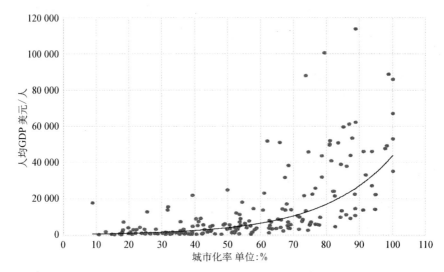

图 7 - 2　城市化水平与人均 GDP①

7.3.2　日韩在快速城市化发展中的地租收益分配调节："以人为本"的实现"涨价归公"

表 7 - 1　主要发达国家和发展中国家的城市化速度②

国家	城市化率 达到 30%	城市化率 达到 50%	城市化率 达到 70%	30%—50% 所用年数	50%—70% 所用年数	总年数
英国	1 815	1 851	1 891	36	40	76
法国	1 866	1 931	1 968	65	37	102
美国	1 890	1 920	1 961	30	41	71
日本	1 947	1 955	1 968	8	13	21

---

①　数据来自世界银行在线数据库，网址：http：//data. worldbank. org. cn/。

②　日本战前城市化率曾超过 30%，战败时有所下降。所以这里选取为战后经济恢复后的数据。1960 年之后的数据统一查询自世界银行在线数据库。1960 年之前的数据查询自《主要资本主义国家经济统计集（1848—1960）》1962 年版，需要说明的是，由于在这份统计集之中数据是每隔 5 年或 10 年统计一次，因此笔者只能选取靠近 30% 和 50% 的年份。此外，部分数据查询自中国产业信息网新闻《全球主要国家城市化水平分析》和高珮义（1990）的论文《世界城市化的一般规律与中国的城市化》，但仍然有几个国家 30% 的城市化率年份无法查到，因此采取根据城市化平均速度进行逆推的方式估算，表中斜粗体数字均为估算所得。

续表

国家	城市化率 达到30%	城市化率 达到50%	城市化率 达到70%	30%—50% 所用年数	50%—70% 所用年数	总年数
韩国	1 963	1 977	1 988	14	11	25
中国	1 996	2 011	—	15	—	—
俄罗斯	1 937	1 957	1 981	20	24	44
印度	2 008	—	—	—	—	—
巴西	1 944	1 964	1 986	20	22	42
世界	1 960	2 007	—	47	—	—

后发国家在进入城市化加速发展阶段后,其城市化速度要远快于发达国家曾经的城市化速度:前者仅需要约30年,而后者当年则经历了100—150年时间(Henderson,2009a)。如表上7-1所示,表中计算了城市化的先行国家英法美、实现了成功追赶的后发国家日韩,以及金砖四国的城市化发展速度。可以看出,相比于最早完成城市化的先行国家,其后的国家完成城市化的时间大大缩短了,特别是实现了成功追赶的日韩两国,城市化速度之快,远超其他国家。中国的城市化也处于一个很高的速度,与日韩相接近。

快速的城市化在数十年内带来整个国家的人口大迁移、城市用地需求急剧膨胀,城市化速度越快、需求越强烈,则地租水平越高,从而将会带来巨额的土地增值收益,使得土地增值收益成为整个社会财富最主要的载体(华生,2013)。在这种情况下,地租收益的合理分配与否与城市化发展之间息息相关:抑制不劳而获的土地投机行为、避免形成食利阶层;为城市新迁入人口提供住房保障使其免于承担高昂的房价、地价,保障城市化发展中的社会公平。由于外部性的存在使得单独的依靠市场机制难以实现这些目标,所以在土地收益分配中强调私权利保障的同时,还需要依靠公权力的合理介入才能实现地租的合理分配。

在20世纪60年代,由于工业化和城市化的快速发展,土地利用需求增大但土地供应数量有限,且对土地转让中不劳所得利润的税收制度欠缺,使得日韩两国的不动产价格都大幅度上涨(李辉、刘春艳,2008)。因此这两国都采取了相对应的调控政策,在土地私有制的基础上,以公权力合理介入的方式,对地租收益实现合理的分配调节。如在1964年,日本佐藤内阁国会咨文《住宅用地价格的抑制与推进自有住房建设》出台，国会确认了私有土地亦应具有公益性质，使大多数家庭拥有自己的普通住房，从而分享财富的增值和升值。当时日本的主流观点是如不限制对家庭住宅的投资行为，可能产生三大剥夺：（1）食利阶层对创造附加值的劳动者的财富剥夺，（2）土地拥有者通过非生产方式对社会附加值创造者的财富剥夺，（3）原住民对移住民的财富剥夺（华生，2013）。考虑到日韩两国土地制度有较多相似之处，因此在下文介绍中以日本为主。

（1）城市土地开发：市场运行，政府以"减步法"介入

1954 年日本出台并正式实施《土地区域整理法》，土地区划整理的目的是，将私有的杂乱不规整的用地进行有规划的重新区划。从而能够将原有的不完善的城区或城市发展预定地区建设成为健全完善的"市区化地区"。土地区划整理的实行者可以是单独个人、协会（土地所有者 7 人以上）、地方政府、住宅公团（政府的指导下实施各种公益事业的公法人）（徐波，1994）。而在区划整理的过程中，政府以"减步法"的方式介入收益分配，对规划、用途变更后的土地升值实现部分归公。"减步法"的原理是，改变土地用途规划或建筑规划的时候，原土地所有者需要将土地分为两个部分，一部分留给自己按新规划开发，另一部分交于政府，为公共设施建设提供用地和出让以冲抵经费，简而言之，就是以自己的私有土地换取规划变更，且"减步率"（即交出比例或保留的比例，自己可开发的容积率）设定的原则是规划变动不影响土地所有者持有土地的价值，"减步"前后其土地价值不增不减，涨价部分归社会所有（华生，2013），该方法其后也被韩国引进。

此外，值得一提的是，在台湾的区段征收制度中，类似日韩，也采取了相类似于"减步法"的相关做法：在台湾的区段征收中，政府完成征地、开发后，将得到的建设用地一定比重交给被征地人作为补偿，通过"抵价地"的方式替代传统的现金补偿方式。区段征收后的土地分为五种用途：抵价地、基础设施用地、准公共用地、主要用于保障性住房的用地、土地出售出租用于筹措资金弥补公共设施建设成本的用地（华生，2013、2015）。

（2）政府制定土地交易许可、申报制度，抑制、打击投机行为

针对快速城市化发展中地价上涨、土地投机的问题，日本建立了土地交易许可制度和土地交易价格申报制度，前者将投机活动集中、地价上涨过快的地区划为"限制区域"，限制区域一般包括，被划为城市发展用地区域、大规模改变原土地用途地区、重点发展区域、根据规划能迅速提高土地利用强度的地

区。"限制区域"内超过一定面积的土地交易都要经过政府的价格审查和目的审查，经政府审查，符合政府制定的"限制价格"并排除投资倾向、不合理使用目的，方可进行交易。

土地申报制度的目的则在于将整体上的土地价格控制在合理水平上，地价波动不合理的"监视区"和非"监视区"的一定规模上的交易，均要进行申报，对认定价格、利用目的不合适的交易进行非强制性的劝告和信息公开。相类似的，韩国也建立了类似日本的土地交易许可制度来抑制土地投机和地价过快上涨问题。而且，日韩两国均针对土地投机、不动产投机课以重税，如日本针对购买土地到转让土地中间间隔时间越短的交易，免税的扣除额越小、税率越高，韩国在快速城市化发展阶段也同样对土地转让收益收取最高超过 70% 的税率[1]。

（3）政府大规模财政投入，构建有力的住房保障

在抑制土地投机、保障消费性住房交易的同时，日韩两国政府都直接介入城市住房供给市场，通过高公共财政投入构建起了系统的住房保障政策体系。在 20 世纪 50 年代到 80 年代，日本的居民住房处于短缺时代，日本中低收入家庭的住房保障主要依靠有政府背景的住房公团、公营住宅和住宅金融公库。日本政府提供的保障性住房主要依靠国家财政出资、地方政府出地（土地优先供应）（孙淑芬，2011）。日本通过公营（政府直接建房）、公团（政府成立的公司）、住宅金融公库（提供低息购房贷款，利差由政府财政承担）三类渠道向城市居民提供了占房地产市场供应总量 1/3 多、带有保障性质的住房，在新建住宅投资中，来自这三者的资金占总数的比重高达 40%（汪利娜，2010）。在韩国，在 1988—1992 年和 1992—1996 年分别提出了建设 200 万套住房和 250 万套住房的计划，其中由政府部门出资建设的小套型公租房分有 90 万套和 127 万套，主要提供给低收入家庭（国务院发展研究中心课题组，2007）。

由此而可见，日韩两国的政府在地租收益分配中，一方面通过"减步法"直接介入，实现"涨价归公"，同时以管制政策、财税政策抑制投机，保障土地市场与住房市场的平稳、保护消费性购房需求，抑制投机者对地租的捕获。另一方面，又通过政府以直接提供住房、财政补贴的方式解决了城市中低收入人群的住房问题。政府以财税手段或直接供给的方式降低中低收入人群住房成

---

① 详情见柴强（1993）的专著《各国（地区）土地制度与政策》，北京经济学院出版社，1993 年。第六章、第十章。和华生（2013）的专著《城市转型与土地陷阱》的附录四。

本，中低收入群所支付的土地租金低于真实的市场价，也可以看作政府将部分地租补贴给了该类人群。相反的，拉美国家的快速城市化发展过程中，政府追求土地财政，通过土地税收来增加收入，推动地价、房价一再上涨，政府没有针对低收入人群建房储备相应的土地，且对土地投机活动治理不足，导致了大量城市迁入人口无法获得住房、被迫侵占公共土地，从而产生了城市贫民窟问题（郑秉文等，2011）。同样的，印度法律鼓励人们自由迁居，但政府在给移居人口提供即使是最低标准的住房方面基本无所作为，大多数移居者来说胡乱搭个住处是唯一可以实现的选择，由于印度土地属于私有，所以这些简棚就只能搭在政府所有的公共土地上（赵干城，2013）。

7.3.3　日韩经验对中国的启示

日韩在快速城市化过程中，在土地私有、市场机制为基础的情况下，通过政策调控，有效地实现了地租收益"以人为本"的"涨价归公"。对我国而言有着重大的借鉴意义。

快速的城市化必然导致对土地需求的快速增长、地价上涨，城市地租成为社会财富中的主要构成。如何协调地租收益分配，是城市化能否"以人为本"的关键。对比日韩与拉美国家可知，日韩国家通过"涨价归公"和住房保障的方式让城市新迁入移民实现了成功市民化，而拉美国家则对城市居民提供住房保障方面存在不足，导致了拉美国家的"贫民窟"问题。对于我国而言，在城市地租的分配上，我国一直延续着"涨价归公"的思路，但在"归公"之后，在地租收益分配中侧重于用于建设用途，而对个人对地租收益的分享关注不足。忽视了地租收益分配与居民住房保障之间的关系。从过去的"以地谋发展"模式下，以地租收益支撑经济建设，而进入"新型城镇化"阶段后，则应该尝试着探索逐步以地租收益支撑人口市民化。

从日韩经验还可得知，即使是市场化为基础的情况下，通过公权力的合理介入，同样可以实现"涨价归公"，保障并实现公共利益的目标。土地资源配置的效率（市场配置）与公平（政府干预）这二者可以通过合理的土地公私权利协调来兼顾。这一点针对我国现阶段的土地制度改革则有着直接的借鉴意：应该以一个公私权利相互协调而非二元对立的态度推进土地制度改革。推进市场化的同时，对于政府公权力也需要进行同步的调控，不仅要收缩公权力、推进市场机制，还要保留一定的政府干预，来弥补地租收益分配中的市场失灵问题，抑制投机，"以人为本"的实现地租收益分配。

7.4　中国城市化发展中已有的土地制度改革探索：成果与不足

在对日韩国家在快速城市化发展中，通过土地权利合理公私协调、保障城市化发展"以人为本"的相关做法进行了分析之后。进一步的，在这里本章中将会对国内的已有相关改革做法进行归纳总结，并在详述了各地方典型做法之后，依据上文分析基础，以土地权利"公私协调"和城市增长中"人地统筹"两个标准出发，对已有的相关土地改革探索进行一个全面的总结评述。

7.4.1　"增减挂钩"：总量不变，指标腾挪，城增乡减

"增减挂钩"是指农村地区整理复垦出的耕地增加量，通过"占补平衡"，在城镇规划区内置换为可用的建设用地指标，挂钩范围严格限定在县域之内。其核心是在已有的建设用地指标控制下，由各地方通过挖掘存量的农村建设用地集约节约利用的潜力，得到计划外的建设用地指标满足建设需要。该模式的意义有二：其一，实现了城乡土地资源的优化配置，提升农村地区的建设用地集约水平，减少相对价格较低的集体建设用地面积，同时增加相对价格较高的城市建设用地面积；从而满足地方经济发展的需要。其二，该模式下，对于农民群体而言，挂钩项目的参加与否，相比于传统的征地制度，他们有了更多的选择权（周其仁，2014），也即议价能力，因此也能够分享更多的土地收益。

以四川成都郫县为例①，郫县第一个项目的拆旧区位于唐元镇长林村，全村人口共 411 户，1 434 人，总占地面积为 2 294.4 亩，其中 548.6 亩为农村建设用地，人均建设用地面积 255 平方米，严重超标、存在很大的集约节约空间。通过整治复垦之后，建新区占地面积 112.26 亩，人均建设用地面积减为 79.4 平方米，用地集约水平显著上升。复垦得到耕地、也即新增建设用地指标 263 亩。新增指标落地于紧挨着县城的犀浦镇和友爱镇，用作经营性用途，拍卖成交均价为 420 万元/亩，共收入 11 亿元，其中收归中央和省市政府的各项税费、土地出让金、耕地保护基金以及社保住房基金共计 5.6 亿，用于长林村拆旧建新的成本为 5 500 万元，用于犀浦镇和友爱镇的征地拆迁安置补偿成本为 8 000 万元。剩余的 4 亿元归县政府所有，用于未来的城镇建设和工业投资。总的来看，一村两镇的农民获得 1.35 亿元，其余 9.65 亿元归各级政府所有。拆旧区整理出来了

---

①　2016 年，郫县撤销，成立郫都区。该案例整理自周其仁团队的调研报告《还权赋能——成都土地制度改革探索的调查研究》和周其仁的著作《城乡中国》（下）。

263 亩新增耕地仍归农村集体所有，农民得到新住宅、更好的村庄基础设施，生产生活水平都得到有效改善。相关经费则由地租承担，新增耕地的亩均投入超过 20 万，远高于当年土地综合整治给出 2.5 万/亩的补偿标准。

7.4.2 "增减挂钩"改进版Ⅰ：权利人自主入市进行"地票交易"

在"增减挂钩"的基础上，进一步演化出更为市场化的"地票交易"模式：农户直接面对市场、自发申请整理、提供指标作为"商品"入市交易。以重庆市为例，地票交易分为四个环节。首先，村民自愿申请复垦，政府负责复垦申请批复以及对复垦的结果进行验收。其次，复垦耕地通过验收，即生成"地票"，成为农民可以公开交易的资产凭证。再次，"地票"在权利人手中体现为土地发展权的性质，根据重庆市规定，在主城区和区县城新增的经营性用地必须使用"地票"方可以获得拿地的资格。最后，在收益分配环节，"地票"的成交价格扣除复垦成本后，全部收益归农民和村集体所有。复垦形成的耕地，由原宅基地户主承包经营，集体经营性用地收益则归集体所有。

以重庆市彭水苗族土家族自治县的新田坡村为例[①]。该村居民收入以外出务工收入为主，整治前全村的人均宅基地面积达到 367 平方米，有较大的挖潜潜力。2010 年起该村推进了复垦工作，经排查该村共有 100 余亩可供复垦的闲置土地，其中宅基地亩 79.9 亩，集体经济性用地 25.7 亩。申请通过后，彭水县国土局按照招投标法对复垦项目进行招投标，确认施工单位、监理单位。经复垦后得到新增耕地 56.8 亩。通过了市级验收后获得了由重庆市国土部门核发的地票证，打包进入市场交易，2011 年 8 月被重庆市地产公司竞得，落地于渝北区。重庆市农村土地交易所将"地票交易"的价款下拨给彭水县国土部门，县国土部门以 12 万元/亩及 2.1 万元/亩的标准分别向村民及村集体下拨了款项，宅基地补偿款共计为 958.8 万元，集体经济组织补偿共计 53.97 万元，所以总计获利 1 012.77 万元。同时，经过整治改善了村庄环境与基础设施水平，增加了耕地面积，村民参与土地整治工作也能获取一定收入。

"地票交易"的意义在于承认了在国家实施土地用途管制和规划管制的前提下，土地开发权是有其市场价值的，为保护耕地和控制建设用地总量做出贡献的非城郊农民，也应享有部分土地增值收益（华生，2013），在实际执行中

---

① 该模式和案例的整理自周其仁的《城乡中国》（下）和田茫茫（2013）的研究。

来看，地处远郊的农民更欢迎"地票"（周其仁，2014），这是因为其位置偏僻，仅能通过"地票交易"，跨区域的转让其土地发展权的方式来获利。

7.4.3　"增减挂钩"改进版Ⅱ：土地权利置换市民身份，人地同转

不同于传统"增减挂钩"只转换土地，一些试点地区结合了城乡统筹发展、新农村建设的发展目标，在其土地综合整治过程中包含了农民彻底退出集体，放弃土地、成为城镇居民，以土地权利换取城镇户口的政策内容，形成了包含人地两个方面、升级版的"增减挂钩"。如成都温江区的"双放弃"，天津的"宅基地换房"。苏州市的"三集中、三置换、三大合作"[①]。嘉兴市的"两分两换"。这些做法的核心都是以土地权利退出，置换城镇社保、住房，从而实现鼓励引导部分农民彻底非农化转移，实现人地同时转移。

以嘉兴市嘉善县姚庄镇的"两分两换"模式为例[②]。"两分两换"是指宅基地与承包地分开，搬迁与土地流转分开；以承包地换股、换租、换保障，推进集约经营，转换生产方式；以宅基地换钱、换房、换地方，推进集中居住，转换生活方式。2008年，姚庄镇共有4 805户，1.96万人，户均宅基地面积为1.163亩。区位条件优越，距离嘉善县（全国百强县）县区不足十公里，车程不足1小时，非农经济发达，三分之二以上的劳动力已非农就业。在"两分两换"的实施中，宅基地方面，农民原有房产估价后给予货币补偿，在以优惠价格购买城镇房产。每户农户住宅置换前平均估价为18.1万元左右，可选择置换为户均180平方面（两套住房）、市值约50万城镇公寓住房[③]。且城镇公寓住房以建安成本购入，建安成本约为18万元，扣除政府给予农户补助奖励之后，实际上农户自己只需出1万元左右，就可置换面积达180平方米左右、市值约为50万的公寓房，农民的财产得到明显增值。承包地方面，流转土地在十年以上，按照城乡居民社会养老保险中城镇居民的缴费标准和待遇置换社会保障，并给予700元/亩的流转金。完全放弃的承包地的，按照被征地农民养老保险政策置换社会养老保险。

通过土地综合整治、集中安置，户均节约宅基地面积0.8—0.86亩，共节

---

① 苏州的改革试点内容较为复杂，包含了土地权利置换市民身份和仅股份合作为核心的集体经济发展两方面内容。前者与嘉兴的"两分两换"雷同，后者见下文。

② 该案例整理自蒋胜强（2010）和李通（2010）。

③ 按2008年全镇房价每平方米平均2 800元计算，农户置换后的公寓房市值约50万元。

约土地 3 800 亩，相关指标用于工商业和城市建设开发，以及支付姚庄镇农民居住区建设所需的 13—14 亿元投资，整个项目收益与投入基本平衡。并实现流转承包地总面积 1 万亩以上，50％左右的农田实现规模化、集约化经营。

7.4.4　"增减挂钩"改进版Ⅲ：中原经济区"人地挂钩"的探索

无论是"增减挂钩""地票交易"还是以土地权利置换市民身份，其所针对都是本地户籍内的农民及其土地，仍是户籍壁垒内的收益分配调节，缺乏对外来务工人口市民化的考虑。而在河南中原经济区的探索中，则有针对性地提出了"城镇建设用地增加规模与吸纳农村人口进入城市定居规模挂钩、城市化地区建设用地增加规模与吸纳外来人口进入城市定居规模挂钩"，即"人地挂钩"的改革目标。"人地挂钩"的核心思路可以归纳为"人往城转、地随人走、钱从地出"，即城镇吸纳人口与用地指标挂钩，地方政府在吸纳农民进城的同时，得到因农民进城而集约出来的农村建设用地指标。通农村过土地综合整治得到的用地指标收益，则是城镇化、工业化的支撑。

在具体执行中，很难实现严格意义上的"人地挂钩"，即在吸纳安置一个农村迁移人口或外来人口时，一方面匹配相应的新增建设用地指标，同时把迁出者在老家所占用的集体建设用地复垦。这是因为，第一，该做法的前提是建立涉及多个部门、能够包含常住人口、流动人口和农村集体建设用地产权登记资料的"人地挂钩"信息平台，是一个长期的工程，不符合河南省迫切的改革需要。第二，在只有零星的人口迁移的情况下，是无法进行村庄整体拆迁复垦；同时，一些大城市中有着大量外省迁入人口，超出了中原经济区的试点范围，无法实现有效的挂钩（王永宇，2011；黄建水、黄鹏，2013）。所以，在现实中河南省采取的方法是"城镇化率增长指标"的模式，即通过总体规划中未来城镇化率的增长指标，来测算每个地市的城镇人口增加数量，再按照人均用地标准和规模测算出可以匹配的专项建设用地指标数，下达到各地市用于工业化、城镇化建设，同时，由省厅向各个地市在规划年期内下达相同数量的拆旧复垦工作任务，保证人地挂钩政策的实现（王永宇，2012）。

"人地挂钩"模式与传统的"增减挂钩"相比，有两个不同点：第一，"人地挂钩"指标的来源是城镇人口增长，这就使得建设用地指标的分配中内生的有了基于外来人口市民化的考虑，这是前所未有的，政府传统的"以地谋发展"模式被加上了"人口城市化"的约束。使得城镇建设用地扩张受到了人口市民化的约束。例如在"人地挂钩"工作中提出，非城非镇近郊的综合整治项目, 节余的土地指标流转到哪里, 要充分尊重农民的意愿, 户口随之迁移到哪里, 安置就业在哪里, 确保农民的权益不受侵害 (丁新务, 2013)。第二, 不同于传统的 "增加挂钩" 中要求项目区必须在同一县级区域内。"人地挂钩" 中没有明确强调拆旧区与建新区的具体位置, 而是依据定居城镇的人口规模来确定城镇建设用地增加规模, 相应核减农村集体建设用地规模。农村集体建设用地整治指标在保障农村各项发展用地的基础上可以在县域、市域、省域范围内通过市场化配置有偿使用, 实现了远距离、大范围的指标交易和配置, 实现指标所得收益最大化 (张世全、李汉敏, 2013), 指标交易所得收益主要返还指标来源的农村。跨区域的指标交易所对应的是跨区域的人口迁移, 由于人口存在区域间流动, 各地方农村人口迁出、城镇人口增加未必同步, 人口净流入是常见的情况, 因此各地方城镇建设用地增加和农村建设用地减少未必严格匹配, 因此有必要通过跨区域指标交易的方式进行调剂, 城镇化现行地区买入指标以满足用地需求, 而城镇化用地需求相对较少而复垦潜力大的地区可以通过指标交易筹集农村建设资金。以新乡市为例, 自 2012 年 7 月被确定为人地挂钩试点先行市以来, 截至 2015 年 2 月, 累计实现 1 758 亩人地挂钩指标跨出县域。通过建设用地指标款主要用于农民进行拆旧补偿、建新补助、土地复垦以及弥补新型农村社区基础设施建设资金不足; 结余建设用地指标交易收益的 60% 应以货币形式直接补助给退出宅基地的农民, 其余 40% 在留足腾退土地复垦资金后, 可用于新型农村社区基础、服务设施建设和发展村集体经济①。

　　中原经济区的 "人地挂钩" 对城镇化发展最大的突破在于其实现了土地资源配置与城镇人口增加挂钩, 而不是像 "两分两换" 等模式中, 仅考虑本地居民城镇化与土地资源配置的统筹; 真正意义上提出 "以人为本" 的城镇化建设。这一改进对我国现阶段城镇化发展中所面对现实问题破解有着重大意义。但是, 该试点地区也有其不足, 从全国范围来看, 河南省作为农业大省, 实际上处于人口净流出状态。根据河南省统计公报, 2013 年年末河南省总人口10 601万人, 常住人口 9 413 万人, 人口净流出 1 188 万人。且该试点范围仅局限于河南省, 所以导致 "人地挂钩" 在省域内的实施无法与劳动力大量跨省转移相适应 (杨永磊、郭万明, 2016)。针对以跨省人口大规模迁入为主的东

---

　　① 新乡人民政府网新闻, 网址: http://xinxiang. 373. cn/news/woshuoxinxiang/2015-02-03/21892. html。

部地区，该试点已有的成果并不能给出足够的改革借鉴，而这些地区则恰恰是新型城镇化改革目标推进的攻坚地区。

7.4.5　权利人自主与存量土地盘活再开发：广东省"三旧改造"

珠江三角洲地区属于我国工业化先行地区，且属于"自下而上"的农村工业化，多为外延式的粗放扩张，由于城乡规划滞后和管理的缺位，造成了一大批"旧城镇、旧村庄、旧厂房"。"三旧"地块权属多为村集体用地，缺乏整体统一规划，空间组织混乱，且存在很多违法用地（吴晓峰、彭建东，2012），形成了规模巨大的低效率用地。以佛山市为例，到 2009 年末，"三旧"类用地 25.3 万亩，相当于该市 20 多年的新增建设用地指标（孙英辉等，2011）。广东省政府争取到了集约节约用地试点、国省协议之后，有针对性地展开相应的"三旧改造"工作。

政府推动"三旧改造"工作中的核心在于让利于民、还权于民，采取政府出政策引导，权利人、市场主体自行运作的方式进行。政府在多个方面给出激励政策，鼓励权利人自行或联合进行改造，或权利人与其他市场主体联合进行集中改造，以让权让利引导市场主体、权利人参与、吸引社会投资，达到四两拨千斤的作用。如在符合规划的前提下，允许村集体自行改造后的土地，无论何种用途均可免于收储和公开交易，以协议的方式出让。在东莞市，不同的改造项目在收益分配上各不相同，由镇街政府主导改造的项目，土地出让价款和税费市级分成部分返还给镇街政府；由原权利人自改项目补缴的土地出让金，市、镇、村按 4：2：4 或 3：3：4 分成；村集体自改项目和村企合作改造的旧村庄项目，土地出让金先缴后返；村企合作改造的"工改居"项目，按基准地价的 70% 计缴地价，市、镇、村按 2：4：4 分成；村企合作改造的"工改商"项目，按基准地价的 70% 计缴地价，市、镇、村按 2：3：5 分成（张科，2015）。旧厂改造后容积率越高，给予相应的优惠政策，如《东莞市"三旧"改造产业类项目操作办法》中对竣工厂房给予新增补助：容积率为 1.5—2.0 的，全部建筑面积补助 60 元/平方米……容积率为 3.0 以上的，全部建筑面积补助 100 元/平方米。通过引导政策，极大地带动了各主体对"三旧改造"的热情。截至 2015 年 5 月底，东莞市"三旧"改造已投入资金达到 405 亿元；其中，政府投入 67 亿元，社会投入 338 亿元（张科，2015）。

通过"三旧改造"实现了工业化转型升级、城市更新、集体经济和农民不动产增值，土地利用效率提升的目标。以东莞市为例，通过重点推进"工改工"项目,东莞市以"零增地"实现产值 8 倍增长。2014 年首次实现了存量土地利用超过同期新增用地①。以佛山为例,禅城区已启动改造的项目改造前的平均容积率约为 0.7,改造后的平均容积率将超过 2.0,土地利用效率提升显著(陈晨等,2013),且生态环境大为改善(高艳梅等,2013)。佛山国际家居博览城项目,改造后村集体每年获得土地租金 4 000 万元,比改造前提高 5 倍多(蒋力,2011)。

7.4.6 农村集体经营性建设用地入市流转:苏州的股份合作社模式

从已有的集体土地入市流转的试点来看,集体土地入市流转探索,主要存在于过去乡镇企业发达的地区,如长三角、珠三角地区。且在实践中发现了诸多问题:缺乏上位法支撑、权利不平等,区位差、基础设施落后、地块零散,导致很多时候集体建设用地被企业视为次优的选择;以及同规划存在着冲突,如农村土地多被规划为农业用途,导致难以补充相应的增量建设用地;又如有的试点地区考虑到城市规划范围内的土地早晚要转为国有,所以将集体建设用地流转的范围限定在城市规划区范围之外。针对集体建设用地入市流转中存在的种种问题,苏州市通过选择股份合作模式,结合"三集中、三置换"的相关政策,以农村建设用地直接或土地权利间接来参与城镇化、工业化建设,克服了很多集体土地入市流转存在着的问题。

苏州市的实践中,首先,通过股份制将集体土地的权利量化到人。在实施中又细分为社区股份合作社和物业合作社,前者将集体资产评分量化均分给户籍人口;后者则是遵循自由自愿投资入社的原则,但仍局限于户籍之内。通过"固化股权",实行"生不增、死不减"的静态管理,股权可以继承,不得调整。在固化股权基础上,通过建立健全社会保障,引导合作社探索股权从封闭走向开放,允许股权馈赠、转让。其次,盘活集体土地,主要建设厂房、打工楼以出租方式获利。再次,在进行"三集中""三置换"的时候,对有条件的地方推进就地发展,即能够就地城镇化的地方,给予宅基地换城镇住房或厂房或股权的方式,实现农民对城市发展中地租收益的分享。同时,规划区范围之外,可采取"异地发展"模式:一方面通过动员农民将土地承包权自愿加入土

---

① 见新闻《东莞获全省节约集约用地考核一等奖》和《东莞市全面提升节约集约用地水平》,网址:(http://news. sun0769. com/dg/headnews/201507/t20150722＿5630283. shtml。http://news. sun0769. com/dg/video/201509/t20150930＿5870345. shtml。)

地股份合作社，再由合作社通过土地整理，增加土地面积，然后把工业规划区、城镇规划区内的基本农田，置换到农业村新增的农业用地上；另一方面，将农业村节约的农村建设用地，等量异地置换到工业规划区、城镇规划区，通过联合投资，建设标准厂房、打工楼等，取得出租收入，实行按股分红①。2008 年末苏州市全市平均每村的出租房屋已达到 1.8 万平方米，其中大部分是通过异地发展来实现的。最后，对农民个人而言，在土地综合整治中可以将其承包地、宅基地退出的方式，实现换股进城、换保进城、换房进城②。且农民进城或进镇定居后，其户籍关系应迁入居住地社区，在子女教育、职业培训、就业服务等方面享有与城市居民同等的权利，并继续享有原集体经济组织除申请使用宅基地以外的其他经济权益③，农民个人与集体之间仅保留经济关系，而再无过去那种密不可分的身份依赖关系。

以苏州市吴中区的香溪村和天平村为例④：（1）香溪村 2001 年成立第一家社区资产股份合作社，18 岁以上每人一股，18 岁以下每人半股。2005 年组织富民合作社（即物业股份合作社）村民以每人 2 万元入股，入股人员限制在本村之内。全村共拥有 325 亩集体建设用地，累计兴建了约 192 000 平方米的物业进行出租。工业用地出租为 16 到 18 元/平方米（1 楼），10 到 13 元/平方米（2 楼），商业地产 15 到 25 元元/平方米。2014 年预计租金收入到达 3 000 多万。合作社在纳税方面有优惠政策，仅按照 5% 的综合税率向政府纳税。香溪村共有 566 个股民，村社区股份合作社给每个股民分红 2 000 元，物业股份合作社给每个股民分红 6 000 元。（2）天平村，物业股份合作是自由入股，一般人允许投资 5 万入股，董事允许投资为 10 万，董事长监事长则允许投资 10 万，最多 15 万。通过异地发展的方式，合作社在镇上面有一个五层楼的百货商店，由合作社投资 1.1 亿元建成，其土地性质仍为集体土地。百货商场的年租金为 1 250 万元，由天虹百货负责运营。同样的，合作社仅需向政府缴一个 5% 的综合税率，同时每年缴纳管理费 100 多万元。

---

① 现实之中，有的地区，如苏州市吴中区的合作社"异地发展"也可以通过二级市场在购买规划区内的集体土地的方式实现，并以协议出让的方式在一级市场获取国有土地。

② 承包地、宅基地退出可以选择货币化安置，也可以选择分别兑换社会和城镇住房，也可以兑换相应的农村土地股份合作社和社区股份合作社的股权。宅基地也可以直接兑换置换厂房，由集体统一招租。

③ 此段资料查询自《苏州城乡一体化发展综合配套改革政策问答》。

④ 材料整理自陈会广等（2015）未出版的专著《农村集体经营性建设用地法律制度研究》。

在苏州模式中，通过股份化的方式解决了集体土地产权不清晰导致的收益分配问题。而且，更为重要的是，在土地综合整治过程中，不同于"增减挂钩"和"地票交易"，通过等量空间位移的方式，苏州市的集体经济组织可以在工业规划区、城镇规划区内获得相应的建设用地继续用于经营收益，集体土地的发展权利得到了切实保障的同时，集体经济组织还能够继续持有土地进行经营，也即农村、集体建设用地不仅仅为城市建设提供了用地指标，还能够亲身参与建设、获取收益。集体建设用地与国有土地同样可以进入到城镇规划区内、工业规划区内，同样的区位、基础设施条件、用途，这一进步为对解决因传统所有制带来的同地不同权的问题无疑有着重大的意义。

7.4.7　总结与评论：公私权利协调与人地统筹

从上文可知，中国已有的各改革试点中，通过各具特色的尝试，对城市土地开发中公私权利的设置进行了不同方向、不同幅度调节，总体来看，通过不断的放权让利，有效地实现了配效率提升、地租收益分配合理调节，且还包含了城市增长中"人地统筹"方面的初步探索。

表 7-2　已有改革模式的总结与评论

已有探索	增减挂钩	地票交易	土地权利置换市民身份	中原经济区"人地挂钩"	三旧改造	苏州股份合作社
公权力	政府主导，让渡地租	政府仅审批监督，让渡地租	政府主导，让渡更多地租	政府主导，让渡地租，且受到人口约束	政府出激励政策，让权让利	政府出激励政策，让权让利
私权利	农民有一定选择权	自主自愿申请	农民有一定选择权	农民有一定选择权，且其市民化需求被考虑	权利人自主决定、操作	农民集体自主筹资、合作、运行
土地城市化	集体建设用地发展权转移到城市	集体建设用地发展权转移到城市	集体建设用地发展权转移到城市	用地扩张受到人口因素制约	推进存量城市建设用地盘活再开发	集体土地自发参与城市建设，推进同地同权同价
人口城市化	转地不转人	转地不转人	户籍人口放弃土地后可以市民化	人地挂钩，但仍存在局限性	无	户籍人口可就地城镇化，或者换保换股换房进城

从土地权利"公私协调"和城市化发展中"人地统筹"两个标准出发，对已有的国内各种土地改革探索进行归纳总结，如上表 7-2 所示。一方面，从"公权力"和"私权利"的相互关系来看，已有的改革探索中，政府逐步放松

对私人土地权利的管制，收缩公权力、引入市场机制，在资源配置环节和地租收益分配环节适当退出，向市场主体适当让权让利，从而能够激发出土地权利人的积极性。如在"增减挂钩""地票交易"中，通过地租收益分配中的让利，吸引、鼓励农民自发地参加、主导土地综合整治项目，以建设用地指标获取、交易，也即土地发展权的交易，推动土地资源的城乡间优化配置，让非城市规划区内、非城郊地区的农村能够分享到城市地租收益。政府以地租收益为支撑，推动区域内人地同步城镇化，以土地权利置换市民身份，如嘉兴"两分两换"模式，以及更进一步的市场化机制尝试，苏州模式和"三旧改造"中通过政府出政策、市场机制主导，允许城乡居民利用其土地直接参与城市建设，充分尊重私人土地权利和市场机制。这些倾向于收缩公权力、解放私权利的改革都有效地推进了土地资源的优化配置，满足了城市用地的需求，并且提升资源配置效率、节约政府行政成本、优化地租收益分配结构，对于改革我国土地制度有着重大意义。而且可以看出，"三旧改造"和"苏州模式"，同日本的土地区划整理有着一些明显的共同特征：原土地权利人可以自发进行、自主联合；政府不负责征地开发，仅通过间接的方式分享部分地租收益。不同点则是，政府分享地租收益的方式多是以土地出让金的方式，而不是直接的获取建设用地。不足的是，政府依据的是让利于民的模糊思路而非有着清晰的收益分配思路，且苏州地区和广东地区有着发达的乡镇经济，因此农村集体经济组织有能力也有意愿进行土地资源的开发经营，这一条件也是全国大多数其他地方所不具备的。

　　另一方面，从城市化发展中"人地统筹"的角度来看，这些改革试点缺乏对人口城市化的足够关注，"增减挂钩""地票交易"的出发点其实都是考虑城市建设用地扩张。同样的，以土地权利置换市民身份，实现人地同步城市化的模式也存在着不足，仅仅考虑户籍人口的市民化，而没有考虑到城市中的外来务工者，因此该模式并不能有效地解决我国大规模异地迁移、跨省迁移农民工群体的市民化问题。苏州模式、"三旧改造"中，向本地农民、农民集体及股份合作社让权让利，激励其对土地资源再开发以提升利用效率，但是却没有进一步考虑到在土地资源配置市场化的情况下，政府该遵循怎样的依据，来合理参与地租收益分配，并进一步将部分地租收益向外来务工人口分配，推动人口城市化。根据国际经验可知，快速城市化发展中的外来人口市民化问题，是无法依靠私人土地权利和市场机制来解决的，需要公权力合理介入。而在已有的典型模式中，仅有河南中原经济区有了相应的探索，将用地指标与人口吸纳挂钩,为地方政府吸纳人口市民化提供了强激励,切实推动了城市化发展中的人地挂钩,但是仍需进一步细化讨论,如在跨省外来人口迁入的情况如何实现人地挂钩,以及如何通过政策构建让外来务工人口合理分享地租收益。

7.5 研究结论

针对我国城市化发展从 "重地轻人" 到 "以人为本" 转轨这一目标下所要求的城市地租分配调节,本章在上文研究基础上进一步探究了如何进行地租收益分配调节。针对我国已有的制度安排:政府垄断城市土地开发供应,攫取地租收益以服务建设,该如何进行改革才能实现 "以人为本" 的 "新型城镇化"。首先剖析了已有的学者观点分歧:城市土地开发应该是市场主导,还是政府主导?然后,通过理论分析阐述了城市土地开发中土地权利公私协调的必要性;进一步的,本章结合成功城市化国家、也是成功实现了对发达国家 "追赶" 的后发国家——日韩两国的相关做法进行了论述探讨;并在此基础之上,本章中介绍并评述了中国现阶段已有的相关土地改革探索,分析其有着怎样的成果与不足。

本章研究发现:城市土地开发中有着外部性问题,因此在其开发利用中不能仅仅依靠市场机制,应需要政府公权力适度介入以协调地租收益分配。也即城市土地开发利用中,没有市场主导、政府主导这样的绝对论断,而是一个公私权利彼此协调的过程。所以,在城市土地资源配置中、地租收益分配中,应因地制宜的结合发展需要,合理协调公私权利,充分发挥出市场机制与政府干预的合理部分,既能够通过保障私人财产权利、发挥个体市场参与积极性,又能保障公权力合理介入土地事务,特别要合理介入到地租收益分配环节中,解决市场失灵、保障社会公共利益。特别要注意到,在快速城市化发展中,地租收益的分配中一定要有着公共利益的考虑,城市中新迁入人口与地租收益分配之间有着重大关联,要杜绝投机资本通过土地投机来攫取地租收益,通过提高居住成本的方式剥削城市中的居民。这一点在日韩城市化过程中十分鲜明,在土地私有、市场配置的基础上,日韩两国政府对土地开发进行了强有力的干预,以保障城市化发展中地租分配的社会共享、"以人为本"。而在日韩经验的做法上,归纳总结对比国内已有的相关改革探索可知,中国的土地制度改革总体上是延续着一种放权让利的思路,通过公权力收缩、私权利扩张的方式以提升资源配置效率、调整收益分配。但仍存在着较为明显的不足之处,即在地租收益分配调节中尚缺乏足够的人地统筹思想，没有切实地认识到人口城市化与地租收益分配之间的互动关系，是现阶段推进我国城市增长从"重地轻人"向"以人为本"转变的关键，而实现这一转变，核心在于对土地事务中的公权力进行调节、转变其角色、赋予其新的职能与责任。

　　放任自流不应该是发展中国家后发优势的体现，否则一定会重复其他国家以前城市化进程的错误，因为其人口更多，负担更重，受到国际体系制约更深（赵干城，2013）。作为有着巨量人口待市民化、且存在人口城市化严重"欠账"的发展中国家，我国在城市化发展中面临着艰巨的挑战，城市地租分配模式亟待转型以服务于人口城市化目标。因此，我们应积极借鉴国际经验，争取少走弯路。因地制宜的推动土地制度改革、构建城市增长调控政策，基于我国现阶段取得改革经验教训，进一步展开探索，合理协调土地公私权力，推进地租收益分配调节。在推进土地资源配置市场化，提升资源配置效率的同时，也要积极调整政府在土地事务中的角色，从直接干预资源配置、垄断地租收益服务经济建设，转变为旨在抑制投机的适度干预、提取部分地租收益以支撑人口城市化。此外，我们还要意识到中国问题有其特殊性，要认识到城乡二元体制积累下来的城乡间巨大不平等，以及集体土地制度中农民土地权利包含的社保功能，同时也要考虑到土地公有制可以使我们相比于日韩国家，能够更为直接、强力的来协调城市地租收益分配。所以，我国的城市地租收益分配中，不仅仅要如日韩那样，以地租收益分配保障城市中移民（以农业转移人口为主）的住房保障，还要考虑到社保等公共物品的提供成本，地租收益分配在人口城市化方面，要承担的人口城市化支出项目和规模都要多余日韩。总结而言，在中国当下的改革发展中，要实现合理的土地权利"公私协调"，需要从两个方面着手：一方面，通过公权力收缩、放松对私权利的管制，推进市场化机制在土地资源配中的基础作用，以提升土地资源配置效率；即对政府参与地租收益分配的方法（从直接转向间接）和来源（局限为自然增值，消除垄断利润）进行调控。另一方面，作为本研究的重点部分，还要注意到，地租收益分配中要保留部分公权力，以实现地租收益分配的公共利益、克服外部性问题，特别是向城市中新迁入人口倾斜；即对政府掌握的地租收益进行用途调节，从传统的将地租收益侧重于建设用途转向推进人口市民化用途，以公权力协调地租收益分配、克服土地增值收益中的外部性问题，保障公共利益。最终，促进中国的城市增长模式从"重地轻人"向"以人为本"的路径转轨。

第8章 研究总结与政策建议

在本研究的最后一章，将会对本文进行系统的归纳总结，并在上文研究的基础上，尝试着构建符合中国国情与改革发展需要、以地租分配为核心、统筹人地两个方面的城市增长调控政策体系。并在文章的最后针对本研究中的不足之处、有待进一步深入挖掘的地方进行研究展望。

8.1 研究总结

8.1.1 地租收益分配调节是我国经济发展中的重要调控手段

新中国成立之后，在土地公有制的基础上，地租收益作为全民所有的重要财富，由政府代表全民进行分配，以服务整体上的社会经济发展为目标。在新中国成立以来"高积累，低消费"的思路之下，地租收益也是以服务经济建设为主，计划经济时代的国家以地租的方式提取农业剩余支撑工业化建设，城市土地无偿使用。而在改革开放之后，随着市场经济的方向确定，随后在社会主义城市地租理论构建中，侧重于论述政府收取城市地租有利于经济建设用途：政府收取城市地租，有助于提升用地效率、避免企业投机土地、促进企业公平竞争（陈征，1995a、b）。由于城市地租的存在，城市土地巨大的聚财力（聚财指的是吸引和容纳投资）（戚名琛，1994）。相对应，对于地租分配中的民生用途则相对关注较少。

现实之中，关于地租收益分配的用途也是以服务与建设为主，而缺乏对民生方面的考虑。政府垄断巨额地租、特别是城市地租，将其主要用于社会经济发展需要：（1）计划经济时期，集体土地制度框架下，依靠农业地租的方式来尽可能多的提取农业剩余，将其用于支撑城市工业化建设；（2）改革开放初期地方政府通过默许乡镇企业无偿用地，来推动乡镇企业发展，以其为主推动经济快速增长；（3）地方政府有权力垄断城市土地供应、垄断地租之后，开始利用地价让利，即将部分地租让渡给企业的方式来实现招商引资，推进工业化发展与外向型经济发展模式形成；（4）在现阶段，地方政府形成了系统的"以地谋发展"模式，除了"以地引资"之外，地方政府还通过"以地生财""以地抵押"等方式，以及两个"权衡"和一个"循环"的策略，来最大化的攫取地租收益以充实其财政能力，并将地租主要用于支撑经济建设，使得整体上的国民财富分配依然保持着"高积累，低消费"的模式。地方政府的地租攫取行为类似于大卫·哈维所提出的"阶级-垄断地租"，但是，需要注意到的是，在公有制的制度框架下，政府以地租的方式集中了大量社会财富之后，将其用于整体上的社会经济发展需要，强力有力的推动经济增长，而非仅仅的服务于某一阶级的需要。

地方政府所掌握的地租收益，这部分归属全民所有的财富，政府在进行分配的时候主要将其用于经济建设用途，这在特定阶段无疑是有着不可忽视的正面意义的，但是随着经济发展，政府直接获取地租、用于服务建设的方式，无疑也需要转型以服务经济发展的新阶段。

8.1.2　发展转型背景下，应以地租收益分配调节为核心推进城市化

在"高积累，低消费"的发展模式背后、特别是进入"以地谋发展"阶段后，政府对居民提供公共物品的水平供应相对有限，且由于地方政府以垄断城市地租的方式来集中社会财富用于建设，从而导致了城市增长过程中的房价高企、人口市民化成本过高，城市中居民、新迁入移民面对着极高的地租压力，加之户籍壁垒的一直存在，从而使得整体上的人口市民化进程受阻。城市化增长过程中"重地轻人"，本末倒置。长期以来农业转移人口难以实现市民化，使得没有合理释放的城市化需求已经累积到了一个惊人的规模。

随着我国进入经济发展的转型阶段，推进"以人为本"的"新型城镇化"已经成了我国经济转型的主要推手。相对应的，城市增长需要从现在"以地谋发展"模式下的"重地轻人"，向"新型城镇化"中的"以人为本"进行转变。而实现这一转变，其关键点仍然要落于地租收益分配调节：推进人口城市化，将城市公共物品从封闭走向开放，为大量城市中新迁入人口提供城市公共物品，并构建相应的扶持政策，则必然会导致政府的城市公共物品（社保、住房保障等）供应增加，考虑到我国长期以来累积下来的、规模巨大的潜在城市化人口。发展转型背景下，推进人口市民化，必然会国民财富分配中将会从侧重积累，向侧重消费转变。所以在地租分配方面，有必要将地方政府所掌握的、

作为国民财富中主要的组成部分、归属权社会所有的地租收益，进行调节以服务于社会经济发展的需要，从过去过度侧重于经济建设，转而向民生用途倾斜，从城市用地无序扩张的发动机转变为人口市民化的有力支撑。将城市用地扩张带来的地租收益分配与人口市民化相挂钩，从而使得地租的主要用途从已经处于过度、低效率的城市建设用途，逐步转向能够带来更高边际收益且有利于社会公平的民生用途。特别是要用于扶持外来务工人口的市民化，使城市中的移民能够以公共物品的方式分享部分地租收益，降低其市民化过程中的成本。从而在抑制过度过快的"土地城市化"的同时合理推进"人口城市化"，统筹人地问题、协调人地关系，使城市化发展向"以人为本"的方向转变，进而通过城市化转型带动经济发展方式转型。从而体现出社会主义公有制的优势：能够通过因地制宜、合理地进行地租收益分配来满足社会经济发展的阶段性需要，持续提升整体上的社会福利水平。

8.1.3　城市增长调控政策的制定应以公私权利协调为原则

明确地租收益调节与城市化发展转型的互动关系后，在具体的调控政策构建中，研究要考虑到，不同于西方国家在高度市场化的现实背景下，由于个体分散决策导致整体上的城市无序蔓延，需要政府介入在宏观上进行调控。中国的城市增长问题是由于政府介入到土地事务中的程度过深，政府干预能力过强且角色不中立导致的城市增长中"重地轻人"与"人地失衡"问题。现实之中，深入推进城乡土地资源配置市场化演进，缩小政府行政权力干预，一直是我国土地制度改革的主攻方向。但是，土地资源配置中存在不可忽视的外部性，单纯地依靠市场机制难以解决，特别是在城市化发展中的地租收益分配环节，仍需要公权力介入以保障整体上的社会公平。已有国际经验中，政府适当干预已经被东亚国家日韩的经验证明是有效的、也是必要的：快速城市化发展中，政府通过财税等调控政策抑制土地投机、将地租收益部分归公，抑制土地与不动产价格的投机，同时通过公共财政投入，保障了中低收入人群的住房需求；从而保障了城市化发展的公平与效率。

所以，为了实现从"以地谋发展"向"以人为本"的城市化发展转型，对于中国的城市增长调控政策构建，不仅要考虑减少公权力对土地资源配置的干预、推进市场机制，还需要推进公权力在人口市民化领域承担更多责任。具体而言，通过相应的城市增长调控政策体系，要实现公权力在城市土地开发中"一退一进一转"：公权力从直接垄断土地资源配置和地租的模式中退出，逐步推进土地资源的市场化配置。同时，政府公权力在人口市民化方向前进，承担起更多的责任，合理协调地租收益分配，使外来务工人口也成为城市地租的合理分享者。此外，还要转变管理土地调控的思路，针对土地事务从管制支配为主，转向激励引导为主。通过公权力的调节，最终实现城市化发展中的两个"挂钩"与两个"实现"。两个"挂钩"即为城市用地增长同人口增长、主要是农业转移人口落户相挂钩，城市地租收益分配与农业转移人口市民化成本相挂钩。两个"实现"则是指实现农民土地权利的两个实现：以市场交易的方式，利用其土地或土地权利参与到城市建设中，分享地租收益，实现其财产权利；同时，以公共物品的形式，分享其工作所在城市发展中的部分地租收益，实现其公民权利。

8.2 "人地统筹"的城市增长调控政策体系构建

围绕着当下我国后发国家、快速城市化的基本国情，以城市化转型带动经济发展方式转轨的战略目标。结合已有的国内改革实践和国际经验，本文将在这里尝试来探索制定以地租收益调节为核心、能够统筹城市增长人地两个方面、推进人地关系协调并最终实现"以人为本"的城市增长调控政策体系。具体而言，将针对政府垄断地租收益、主要用于建设的土地开发供应模式和地租收益分配模式，进行相关的调控：一方面，继续坚持已有的土地改革思路，通过公权力收缩、放松对私权利的管制，推进市场化机制在土地资源配中的基础作用，通过政府适度让权让利以实现提升土地资源配置效率、降低政府行政成本；即对政府获取地租收益的方法和来源进行调控。另一方面，作为本研究的重点部分，还要注意到，调整公权力作用方向，尝试着以政府公权力来协调地租收益分配向城市中的新迁入人口倾斜，以政府公权力来保障城市化发展土地资源配置、地租收益分配的"人地挂钩"，克服市场失灵、外部性带来的收益分配问题；即对政府掌握的地租收益进行用途调节，从传统的将地租收益侧重于建设用途转向推进人口市民化用途。最终，促进城市化发展模式从"重地轻人"向"以人为本"路径转轨。

此外，不同于日韩，中国城市化发展中的地租收益分配，针对人口市民化的支出在地租收益占比相对要更高且还要涵盖更多的支出内容。这是由于在我国不平等的城乡二元体制下，长期以来城乡间公共服务投入差别巨大、城乡收入差距明显，使得城市生活成本远高于农村，农村居民收入远低于城市居民，农业转业人口人力资本相对弱势，且长期以来的欠账使得人口市民化的压力巨大。所以，针对的农民市民化需要投入更多财政扶持，且不仅仅包含住房保障，还需要从社会保障、技能培训、子女教育等多个方面对农业转移人口进行扶持，将城市增长中更多的地租收益反馈给城市中新迁入的农民工群体。

具体的城市增长调控政策构建，可以从以下四个方面着手。

8.2.1　推广与改进"人地挂钩"模式，为城市用地增长加上人口市民化的强约束条件

依据河南中原经济区在"人地挂钩"试点中的经验成果，改进我国已有的建设用地指标分配模式和"增减挂钩"模式。结合现阶段 2013 年到 2020 年国家新型城镇化规划的目标：（1）常住人口城镇化率从 53.7% 增长到 60% 左右；（2）户籍人口城镇化率从 36% 增长到 45% 左右，努力实现 1 亿左右农业转移人口和其他常住人口在城镇落户。也就是年均市民化农业转移人口约为 1 500 万人。（3）人均城市建设用地严格控制在 100 平方米以内，建成区人口密度逐步提高。依据城市中市民化落户人口的规模、新迁入人口的规模应当与用地指标相挂钩这一原则，推广"人地挂钩"制度、推进"以人为本"的城市化发展。

第一，在每年新增建设用地指标分配环节中。将一定比重的新增建设用地指标拿出来，将镇、县、市放到平等的地位上，专门基于常住人口增长来考虑新增建设用地指标的区域间分配。也就是将新迁入的人口挂钩一定规模的新增建设用地指标，且常住人口增长挂钩的用地指标规模可进一步与当地政府在居住证中提供的市民化服务水平相挂钩，即根据居住证制度包含的社会保障内容多寡，来决定单位常住人口增长能够挂钩多少新增建设用地指标，服务内容越多、与户籍人口差距越小，则单位常住人口增长能够挂钩的指标越多。从而有效鼓励地方政府向外来务工人口提供公共服务，为其进一步的市民化落户提供良好支持。

第二，针对农业转移人口市民化的目标，在已有的"增减挂钩"的城市建设用地指标分配模式中，推广河南中原的"人地挂钩"经验做法，并进行更为细化的改进。将"人地挂钩"模式分为人口吸纳任务承担、分配"人地挂钩"建设用地指标和对应的农村土地整理复垦任务三个部分。首先，根据各地方城市化发展现状和推进人口市民化的计划、意愿，将人口市民化的任务分解下

达，给予相应的"人地挂钩"建设用地指标，通过"人地挂钩"获取的建设用地指标与计划内的新增建设用地指标同等使用、不做区分，不必进行专门的项目管理、对应相应的建新区；然后各地方依据自身情况选择所承担的复垦任务。结合最新的《国土资源部关于印发全国土地利用总体规划纲要（2006—2020年）调整方案的通知》（国土资发〔2016〕67号）（下简称《规划调整方案》）中提出的建设用地指标变动、耕保任务变动，可以尝试着探索允许人口净流入的县、市、省承担少于其"人地挂钩"建设用地指标规模一定比例的复垦指标，通过跨区域的指标交易的方式来实现建设用地指标和复垦指标之间的平衡。允许人口净流出的县、市、省承担多于其"人地挂钩"建设用地指标规模一定比例的复垦指标。通过复垦节余出来的建设用地指标以市场交易的方式进行配置，且允许各地方将一定比例的节约指标进行跨县、跨市、跨省的交易。

同时，考虑到"人地挂钩"在全国推广之后，涉及的建设用地指标规模巨大：以人均城市建设用地100 m²/人计算，全国年对应的城市用地增长为1 500平方公里，折合为225万亩。依据最低的城市人均建设用地标准65 m²/人[1]来计算为975平方公里，折合为146.25万亩。两个结果都大大超过了国家年度下达的"增减挂钩"指标的规模：2015年，国家一年下达的"增减挂钩"指标为90万亩[2]。为了避免推广"人地挂钩"制度对已有的建设用地指标分配制度产生过大的冲击，导致建设用地过快增长。可以考虑结合国土资源部提出的"东部三大城市群发展要以盘活土地存量为主"，"今后将逐步调减东部地区新增建设用地供应"，"除生活用地外，原则上不再安排人口500万以上特大城市新增建设用地"等原则[3]。以及最新的《规划调整方案》中提出的"报国务院审批土地利用总体规划的超大和特大城市中心城区建设用地规模原则上不增加"，"京津冀、长三角、珠三角等区域逐年减少建设用地增量"。同时，考虑到东部地区的城市是我国最主要的农业转移人口流入地，吸纳外来人口市民化

① 《城市用地分类与规划建设用地标准》（GB 50137—2011）中的规划人均城市建设用地标准，新建城市的规划人均城市建设用地指标应在85.1—105.0 m²/人内确定。首都的规划人均城市建设用地指标应在105.1—115.0 m²/人内确定。其他城市的人均建设用地面积在区间65—115平方米之间。
② 见新闻《2015年全国安排90万亩城乡建设用地增减挂钩指标》，网址：http://news.xinhuanet.com/politics/2015-10/28/c_128367921.htm。
③ 见新闻《国土部限制新增建设用地供应　盘活存量成关键》，网址：http://news.xinhuanet.com/house/sh/2014-01-10/c_118921021.htm。

的任务最重。所以，可以考虑将"人地挂钩"模式所需要的建设用地指标与已有"增减挂钩"模式能够提供的建设用地指标之间的差额，用东部地区、三城市群以及特大城市原有的、计划内的新增建设用地指标来置换。即将其原有的、计划内的年度新增建设用地指标替换为需要通过"人地挂钩"方式才能获取的建设用地指标，从而强化东部地区和部分特大城市人口市民化的动力和压力。

8.2.2　结合已有国内外经验，分区域、逐步推进土地资源市场化配置

对于现阶段的我国而言，仍然需要推动土地资源配置的市场化演进以提升资源配置效率，从而实现我国城镇化发展中"土地红利"的最大化（陈浩等，2015）。允许土地权利人在规划许可的范围和用途内，自主自发自愿的进行土地开发和交易。发挥市场对资源的基础功能，能够提升土地利用的效率。结合已有的改革探索，如苏州的"股份合作社"、广东的"三旧改造"、成都重庆的"地票模式"，以及国际经验如日本的区划整理制度，继续深入推进土地资源市场化配置。但是，考虑到我国经济发展的不均衡，各地方情况的千差万别：并不是所有的集体经济组织都有能力也有意愿进行土地开发与经营，满足我国集约节约用地的要求。因此应因地制宜的推进该项改革，从政府征收，政府、农民集体与其他市场主体联合开发，向市场主体自主运行逐步过渡。同时，还要考虑到，土地资源的不可移动性与区位性特征，所以城市化发展中，城市规划区内的城郊地区的土地开发，规划区外农村地区的土地综合整治，以及城市中存量的建设用地盘活提效，应该分别进行讨论。

对于城市规划区范围的城郊农村地区，在国内改革试点中的相关经验的基础上推进土地资源的市场化配置探索。对于有条件、有意愿自主进行土地开发的地区，效法日本，允许其申请进行土地区划整理。允许并鼓励集体内部的居民自主进行或联合市场主体，通过自行筹资、与其他市场主体合作融资，或申请政府专项资金进行联合开发的方式。在符合规划前提下，申请进行区划整理，允许其变更土地用途，重新调整区域土地利用布局。允许有条件、有能力进行集资、融资，以及开发经营的农民、集体经济组织，可以以其所有的农村集体土地直接参与工业化、城市化建设，直接分享土地用途改变后的增值收益。政府以年度建设用地指标为约束，对农民集体的综合整治申请进行筛选、审批，并进行验收。同时，考虑到我国农村土地的集体性质，存在着产权模糊的问题。因此应考虑推广苏州的土地股份合作模式，以股权量化的模式化解集

体土地制度的模糊性，将土地的使用权、收益权分离，从而解决集体土地制度下个人的土地权利不清晰问题。

对于城市规划区之外的农村地区，由于城乡规划的限制、维持建设用地总量控制的需要，以及耕地保护的责任，无法直接分享土地用途变更带来的收益，因此可以通过"地票交易"的方式来间接分享城市增长中的地租收益。允许其自发的申请"人地挂钩"中的复垦项目，以土地综合整治的方式来获取复垦后的新增耕地，也即节余出来的城市新增建设用地指标。指标录入统一的数据库中，通过指标交易来分享城市化发展中的地租收益①。有经济实力的地区，也可以考虑效法苏州的"异地发展"模式，成立股份合作社，自行筹集资金与政府合作进行联合开发，在工业园区、城镇内建设属于集体经济组织的厂房和物业出租出售，进一步分享地租收益。同时，在土地综合整治中允许农民自愿有偿退出集体土地。

在旧城改造和城中村改造的环节，借鉴广东省"三旧改造"模式，推进城市范围内低效率用地再开发、棚户区改造、城中村改造中，采取政策引导、市场运作的方式，允许有条件、有能力的土地权利人自主进行更新改造，并给予相应的优惠政策以提高其改造的积极性、提升土地利用效率。如容积率奖励、财政补贴、土地出让金优惠，等等。但是，同时也要强调从其中拿出部分土地来进行公共设施建设、基础设施完善，在容积率有较大变化、土地溢价过高、涉及历史遗留违法用地（如广东"三旧改造"中的情况）的情况下，可以考虑额外多收取一部分增值收益专项用于廉租房建设。

8.2.3　政府以"减步法"参与地租收益分配调节，实现"以人为本"的"地利共享"

农业转移人口的市民化推进，需要以地租的合理分配为基础，通过合理的公私权利协调，使得有市民化意愿的农民，在其离乡进城的过程中，无论其是在城市规划范围内外，都能通过其所应享有的土地权利、市民权利，合理的分享到城市化发展中的土地增值收益。以土地财产权利参与家乡地区城市建设的地租收益分配，以市民权利参与其所迁入地区的地租收益分配，前者依托市场机制实现，而后者则需要公权力的适度介入。

①　指标交易中效法重庆、中原经济区，设立最低保护价。

在政府公权力对土地增值收益分配中的介入方式设置上，考虑到我国相应的税收制度尚处于空白，且有学者（赵燕菁，2014）认为构建相应的税收制度难度极大、风险极大。因此可以考虑借鉴日韩的"减步法"来参与地租收益分配。"减步法"，即土地权利人为了改变已有的土地规划，需要将其一定比例的土地交给公共部门，实现涨价部分归公，上交的比例即为减步率。上交的土地用于公共用途，或出让以筹集城乡公共事业经费。进一步的，通过"减步法"实现地租收益的部分归公之后，在政府主导的土地收益的分配中，还需要实现土地收益从过去以服务城市建设、满足政绩需要，逐步向满足城乡居民公共利益、解决新迁入人口市民化成本的用途转变，实现更为广泛的"地利共享"。

对于政府参与地租收益分配的"减步率"确定，应从两个方面进行考虑。第一，城市中非营利性的公益用地占比。根据《中国城乡建设统计年鉴》可知，2013、2012 年全国市县的建设用地面积中公共管理与公共服务用地、道路交通设施用地、公用设施用地、绿地与广场用地①占比约为 37.8%、35.57%，该部分为社会公益用地，因此应该由政府负责提供，因此对于新增的非农建设用地中的减步率设定时候应考虑到城市建设用地中有三分之一多属于非营利、且需要投入建设成本的公益性用途。第二，针对用于经营性用途的新增建设用地，地方政府需要从其中通过"减步法"提取一部分地租收益以满足城乡公共事业的经费，因此其"减步率"的确定还应考虑到地方政府所负责的城乡公共事业所需的经费需要。具体来看，需要政府以"减步法"参与收益分配的两种情况：旧城改造和城郊地带农村集体自主进行的区划整理。对于针对存量土地盘活再开发的城市旧城改造，政府的"减步率"计算相对简单，缴纳比例用于城市公共用途的土地之后，再缴纳一部分经营性用途的土地给政府，政府出让以筹措城市公共设施建设的经费，如在台湾地区，依据"市地重划"制度推进的旧城改造，改造完成之后，原土地所有者拿出一部分的"抵费地"给政府用于筹措新增的公共设施建设、交通改善的经费，其上限为 45%。而对于后者则相对复杂，农地用途变更中的地租收益分配，则要结合城市化发展从"以地谋发展"到"以人为本"的转型目标下，政府所承担的城乡公共事业责任进行详细考虑：

---

① 对于这几类用地的定义查询自《城市用地分类与规划建设用地标准》（GB 50137—2011）。

首先，在已有的地方政府垄断土地开发供应、主导土地出让收益分配的格局下，扣除拆迁安置、土地前期开发等成本后，土地出让的纯收益主要的支出项目有：(1) 城市基础设施建设，(2) 农村基础设施建设，(3) 农田水利建设资金，(4) 农业土地开发资金支出，(5) 土地整理和耕地保护支出，(6) 保障性安居工程支出，(7) 计提国有土地收益基金，(8) 教育资金支出。在推进城乡土地资源市场化配置和"以人为本"的城镇化发展目标之下，政府在土地收益分配中的角色变化，使其承担的职能也会有相应的变化。

其次，针对已有的、政府主导下的土地收益支出格局，应结合土地资源配置市场化、新型城镇化的改革目标进行调整。对于支出项目 (2)(3)(4)(5) 这几项，考虑到在推进土地资源市场化的配置机制后，农村建设中将会有社会资金涌入，例如东莞的"三旧改造"项目中社会资金占比高达 75%。所以，由政府掌握的、用于农村土地综合整治建设的地租收益应适当减少，让渡给实施土地综合整治的土地权利人和其他市场主体。对于占据了历年的土地出让纯收益绝大部分支出的项目 (1)。考虑到城市化发展从"以地谋发展"向"以人为本"的转型需要，因此城市化发展中的地租收益分配也应从重城市建设向重人口吸纳转变。所以应削减部分土地出让收益用于城市基础设施建设，转而将其用于为农业转移人口落户提供公共服务和为城市居民提供住房保障方面。在具体的执行上，依据国家新型城镇化规划中提出的"建立财政转移支付同农业转移人口市民化挂钩机制"，《国务院关于深入推进新型城镇化建设的若干意见》(国发〔2016〕8 号) 中提出的"广泛吸引社会资本参与城市基础设施和市政公用设施建设和运营"，"鼓励公共基金、保险资金等参与具有稳定收益的城市基础设施项目建设和运营。鼓励地方利用财政资金和社会资金设立城镇化发展基金，鼓励地方整合政府投资平台设立城镇化投资平台。支持城市政府推行基础设施和租赁房资产证券化，提高城市基础设施项目直接融资比重"。以现行的国有土地收益基金 (即为上文提到的土地出让纯收益支出条目 (7)) 为基础，进一步成立城镇化发展基金和农业转移人口市民化基金。对于前者，一方面根据地方的人口市民化任务、人地关系不协调程度 (人口密度低、人均城市建设用地面积过高)，逐步减少政府主导下用于城市基础设施投资的土地出让纯收益使用，鼓励吸引效率更高的社会资金进入。将从建设用途中节约出来的土地收益优先转入农业转移人口市民化基金和保障房建设用途。另一方面，依据地方人口市民化的需要，从土地出让纯收益提取一定比例建立人口市民化基金。农业转移人口市民化基金专项用于本地有市民化需求的进城务工农民和异地迁入的农业转移人口的市民化财政扶持，如住房补贴（现金、低息贷款）、技能培训、社保支出，同时，根据外来人口市民化导致的公共服务需求增长，对医疗卫生教育事业进行投资。最后，应依据地方政府依据农村基础设施建设、农田水利建设资金、农业土地开发资金支出、土地整理和耕地保护支出、城市发展基金、人口市民化基金、教育支出、保障房建设这几个项目投入，来最终确定对于政府需要占据的地租收益比重。

本文在这里以 2014 年的土地出让纯收益的数据为例，对政府应占据的地租收益比重进行估算。2014 年土地出让收入扣除拆迁安置补偿、土地前期开发成本之后，纯收益有 8 987.93 亿元，支出 7 258.61 亿元。其中，在（2）（3）（4）（5）四项支出累计有 2 058.42 亿元。考虑到在推进土地资源市场化的配置机制后，农村建设中将会有社会资金涌入，例如东莞的“三旧改造”中社会资金占比高达 75％。2014 年全国农村居民人均可支配收入相当于东莞市农村居民人均可支配收入的 47％[1]，因此可假设全国整体上的土地综合整治中社会投资比重可以为 75％×47％约为 35％，进一步算出有约 720 亿元资金来自社会，政府仅需掌握约 1 333 亿元。同时，在人口市民化方面，根据国务院发展研究中心课题组（2014）的测算，2013 到 2020 年，向全部农村外出务工者市民化的（其估算为两亿人的规模）提供城镇养老保险、低保、随迁子女教育这四项公共服务的动态成本（考虑通胀因素）共为 20 736.3 亿元。则可推知对于一亿农业转移人口提供公共服务的成本为约为 10 368 亿元，2013—2020 年均成本约为 1 296 亿元，这里先假设到这笔钱完全地从土地出让纯收益中提取[2]。同年计提教育经费和保障房经费不变的情况下，政府共计需要支出土地出让纯收益约为 3 766 亿元，占土地出让纯收益比重为 0.42。假设政府占据收益占总收益比重为 0.6，则扣除其他支出后的城市建设用途投入的金额为 1 626.76 亿元（缩减约 60％）。在政府占据纯收益比重为 0.7 的情况下，城市建设用途投入的金额为 2 525.55 亿元（缩减约 38％）。在政府占据纯收益比重为 0.8 的情况下，

---

① 相关数据查询自全国和东莞市的统计公报计算得来。

② 这里假设公共服务成本全部由土地出让纯收益承担只是为了进行为了方便进行单一情景的模拟计算，验证可行性。现实之中公共服务成本不会完全由土地出让纯收益承担，同时外来务工者的保障房成本必然也要纳入土地出让纯收益的分配之中，考虑从土地出让收益中提取相当比重用于外来务工者的住房保障配套资金。

城市建设用途投入的金额为 3 424.35 亿元（缩减约 16％）。具体的市民化成本的多少比重由土地出让收益承担，建设用途的土地出让收益应减少比重为多少，可以根据各地方具体情况来制定，逐步进行调整。

以公益事业用地占比为 35％，在政府获取土地出让纯收益分比重分别为 60％、70％、80％的情况下，通过"减步法"获取的新增建设用地的占比分别为 35％＋65％×60％＝74％，35％＋65％×70％＝80.5％，35％＋65％×80％＝87％。考虑到 2014 年是历年中，土地出让纯收益收支相抵后，节约非常多的一年，节约大概有 1 700 亿元的节余，占土地出让纯收益比重 19％多。因此如果以该年度的进行土地政府的土地支出结构调整、计算"减步率"可能会得出偏低的结果。所以，本文以 2013 年为例，进行了同样的测算①，在政府占据收益占总收益比重为 0.6 的情况下；城市建设用途投入的金额为 874.54 亿元（缩减约 88％）。在政府获利占比为 0.7 的情况下，城市建设用途投入的金额为 1 667.83 亿元（缩减约 62％）。在政府获利占比为 0.8 的情况下，城市建设用途投入的金额为 2 461.11 亿元（缩减约 41％）。在政府获利占比为 0.9 的情况下，城市建设用途投入的金额为 3 254.40 亿元（缩减约 20％）。相对应的，在政府获取土地出让纯收益占比为 0.9 的情况下，"减步率"为 35％＋65％×90％＝93％，才能够较好的承担市民化成本，且同时不会使得城市基础设施建设经费下降过快。

考虑到我国处于快速城市化发展阶段，城市建设需要大量投资，政府支出短时间内难以过快下降。同时，还面临着需要市民化的农业转移人口规模巨大且存在着严重欠账的问题，所以城市化发展中人口市民化的任务艰巨；因此政府参与收益分配的"减步率"较高，高达 0.7、0.8，甚至 0.9，将大部分的收益归公也是发展阶段的需要。对比台湾的区段征收中的"抵价地"制度，虽然法律上要求给予被征地人的"抵价地"面积不得小于被征地面积的 40％。但是，在实际情况下，因抵价地领回之土地面积大概为 30％，甚至是更低。这是因为，决定农民利益第一位的是原土地市价的计算以及根据规划整理后的土地能领回同等权利价值的土地，而不仅仅是以领回土地面积的大小为最高准则。更重要的是在很多情况下，抵价地中还包括了土地市场价值很低的农地（华生，2015）。所以，台湾的区段征收中，"抵价地"制度之中，实际上政府

---

① 本文在这里仅选择 2013、2014 两年的原因是，这两年数据的统计口径、数据来源一致。

收走的土地占比在 70% 以上，也处于较高的水平。所以相比之下，我国处于快速城市化发展、人口市民化欠账严重的特殊阶段，采取 0.8 甚至更高的减步率，将大部分地租收益归公，也不是不可接受的。而且，随着住房保有环节、交易环节等相关税收制度完善后，以及城市化的"欠账"逐步还清之后，可以考虑减少政府在土地一级开发环节中掌握的地租收益比重。

8.2.4　土地开发中政府从侧重管制、直接参与转向市场主导、政府以政策工具进行激励、引导

现代社会之中，国家公权力对社会经济生活介入越来越多，出现了一股公法私法化趋势，传统的私法调整方式被部分或间接引入了公法领域，私法关系向公法领域延伸。传统的"刚性行政"逐渐柔化，国家开始尝试运用产权和市场等私法手段去达到公法的目标，契约式管理和灵活性较强的管理日益被广泛运用到公共管理政策中（孙国华、杨思斌，2004），这一点在已经建立了成熟市场经济体制的美国十分明显，在其城市增长调控中运用了很多激励引导的政策，如填充与再开发奖励、分级物业税，前者包含土地成本补贴、税收减免、基础设施改善、开发费用减收、低息贷款等一系列内容，用于诱导开发商投资于已经完成城镇化的地区；后者则是对不同的开发强度征收不同级别的物业税，旨在推动城市土地的较高开发强度（郭湘闽，2009）。又如美国《马里兰州精明增长法案》中规定：一个城市可以蔓延至任何地方，但只有在州政府希望开发的区域内州政府才会提供财政支持；地产拥有人有权不清理自己拥有的地产或者不再对自己的弃置地再开发，但州政府为清理和再开发提供津贴；居民有权力在任何地方生活，但政府为那些在工作地附近购买房屋的人提供补助等（王丹、王士君，2007）。

中国现有的土地管理体系中行政约束、管制手段等方面存在着成本高与效率低的问题。一方面是层层审批带来的社会成本、管理成本，由于审批程序过多过繁，造成了土地资源配置的效率低下（田志强等，2012）。另一方面则是调控效果的不尽如人意，以《土地管理法》为例，该法可以称之为一部充分体现了行政审批约束的土地审批法，但是在具体执行中效果却并不理想，土地违法现象并未得到有效制止（王克稳，2015）。所以，在当下我国政府不断放松管制、社会经济事务更多的由权利人自主运行的改革背景下，政府对土地资源配置的调控手段也应逐步向引导、激励的方式转变，以差别化有梯度的政策来

引导、鼓励权利人自发的合理利用土地资源，实现市场机制基础上的城市理性增长。而如何实现政府逐步退出土地开发、转而以政策引导市场行为为主要管理手段，这一转变的实现，可以从三个方面着手：

首先，约束政府征地权力，限定公共目的范围，将政府直接行使强制征地的权利的空间收窄，明确将其作为市场机制失灵情况下、保障公共利益的最后手段。一方面可以考虑以列举法明确公共利益的范围，另一方面，考虑到我国仍处于城市化发展快速扩张阶段，需要将具有一定公共利益性质的新城区建设、旧城区改造也应纳入征地权利覆盖的范围，保留最后的强制征地权利，以防市场协商无效、少数人要挟的"反公地悲剧"问题。但是也要强调，土地征收仅仅在市场方式无效的情况下方能启用。相关的做法可以参考我国台湾地区，其区段征收行为的前提条件分为具体的、列举出来的公共事业，也有着国家实施国家经济政策（包括新都市区建设）这样的非纯粹公益目的的征地目的设置。

其次，地方政府在土地事务中的财务收支要公开公示，防止政府在征地或减步法的过程中将所获得地租收益、过多过滥的用于满足其政绩需要。所以要推进财务公开公示、将具体收支明确到政府每一次征地或减步法参与土地收益分配的活动之中，明确向社会公示成本支出和收益都将会分入哪些公共事业的专项支出。从而使地方政府回归公共利益保障者身份、重塑其公信力。

最后，探索构建具有弹性、以激励引导为主的调控政策体系，引导土地资源配置的效率提升和推进人口市民化工作。针对城市规划区内的区划整理申请，应遵循年度新增建设指标和"人地挂钩"建设用地指标的控制，对申请的项目，从人口合理集中合理布局，符合集约节约用地原则，能够提升基础设施建设效率、降低公共服务成本等多个方面进行考虑对比，进行筛选批准。对城市规划区外的农村土地综合整治，服从"人地挂钩"所限定的复垦规模约束，则侧重从整理潜力、人口迁出、土地退出、农业生产等方面进行考虑，进行筛选批准。而对城市存量土地再开发的申请，则从土地集约利用、人口集中、基础设施建设效率、公共服务改进水平、宜居程度等方面进行审核。通过对比择优，从而能够激励项目申请方的自发努力、排除投机意图，满足政策要求。例如为了吸引社会资本进入区划整理项目、土地综合整治项目以及旧城改造项目，可以针对项目投资中社会自筹基金占比来制定有梯度的政府收益分享比重。为了鼓励有着更高效率的社会资本进入基础设施建设、公共设施建设、保障房建设等公益领域，可以考虑给予其相应的"减步率"优惠。为了提升土地利用效率，可以针对不同的容积率、投资强度给出不同的财税优惠政策。为了推动三个"一亿人"目标中提出的"改造约 1 亿人居住的城镇棚户区和城中村"的目标，让已经进入城市、租住在棚户区、城中村的外来务工人口能够安居，在区划整理、旧城改造、城中村改造的审批中，可以考虑加入改造后中小户型的住宅占比的相关条件，对同等条件下，能够在改造后提供更多适合城市新迁入人口租住、购买的中小户型的改造项目优先，以及可以考虑给予相应的"减步率"优惠，等等，构建诸如此类的激励政策来引导市场行为。同时，针对作为土地管理者、人口市民化的执行者的各级地方政府，也要构建相应的调控激励制度，如将常住人口增长、居住证提供的公共服务水平专门挂钩一定规模的新增建设用地指标，为地方政府向非户籍的常住人口提供公共服务提供激励。同时考虑参考耕地保护的相关制度设计，针对各级政府制定相应的土地开发中人口市民化成绩的考核奖惩制度。

8.3　研究展望

8.3.1　城市化发展中房地产相关的税收制度研究

随着城市化发展，不动产逐渐成为社会财富的主要载体，特别是在城市化发展逐步进入稳定期之后，城市扩张减缓，增量土地带来的地租收益逐步减少，存量的土地及其上房产将会成为城市化发展中土地增值收益的主体部分。所以相应的，针对存量房地产在交易、保有、继承等方面的财税制度，对国民财富分配的也就会具有越来越重要的作用，例如在美国，地方政府的财政主要就是由针对房产保有环节的房产税所支撑起来的（徐四伟，2005）。

在本书中，主要讨论了城市增长，即土地出让环节的地租收益分配问题，而对其后的房地产交易、保有等环节的相关内容没有进行详细的探究。而从现实之中来看，我国的房地产保有环节的税收正处于试点状态，尚未推广。同时对于房地产交易环节的税收也存有不足，无法实现对投机者的有效抑制。所以，针对房地产税收制度完善、改进的研究，有着重大的理论与现实意义。因此，未来应该进行相应的深入研究，探究怎样的房地产财税制度，能够抑制土地投机、房地产投机行为，合理调节社会财富分配，促进社会公平。

8.3.2   城市化发展中的住房保障制度研究

针对中低收入人群的住房保障是城市住房供给中的重要一环，即使是市场经济为主的欧美日韩诸国，也都根据自己的发展需要制定了系统的住房保障制度，由政府来为城市中的中低收入人群提供基本的住房保障，维护社会发展公平。在我国，自 1998 年全面推进住房改革以来，一直在住房保障政策方面存在着诸多的不足，直到 2007 年政府加大投入后住房保障体系才初步成型（张清勇，2014）。但是仍然存在着保障房供应数量不足、位置差、质量差、管理不善、空置率高等诸多问题。

考虑到新型城镇化的发展背景下，未来的城市化发展中将会大规模推进人口市民化，而在新迁入人口中又以收入水平相对较低的农民工群体占据主体地位。所以，相应的住房保障问题的重要性将会越来越凸显。因此，就有必要探索完善城市化发展中的住房保障政策，实现城市新迁入人口的住有所居。从住房来源、建设方式、运营管理、补贴方式、准入条件、租售协调、资金筹集、土地供应、相关立法等多个方面进行研究讨论，参考并学习国外已有先进经验。探索构建针对不同人群的住房保障政策，使城市中不同阶层的人都可以在城市中安居乐业，从而保障城市化发展的"以人为本"。

附　录

附表 1　城市土地开发中地租收益分配的历史回顾

发文时间	部门、文件	内容
1989.05.12	国务院《关于加强国有土地使用权有偿出让收入管理的通知》（国发〔1989〕38 号）	土地使用权有偿出让收入 40％上交中央财政，60％留归地方财政。
1989.9.26	财政部关于颁发《国有土地使用权有偿出让收入管理暂行实施办法》的通知（财综字〔1989〕第 94 号）	土地使用权出让收入扣除土地出让业务费后，全部上缴财政。上缴财政部分，取得收入的城市财政部门先留下 20％作为城市土地开发建设费用，其余部分 40％上缴中央财政，60％留归取得收入的城市财政部门。不论上缴中央财政还是上缴地方财政的收入，主要用于城市土地开发建设，要建立城市土地开发建设基金，专款专用。
1992.9.21	关于颁布《关于国有土地使用权有偿使用收入征收管理的暂行办法》和《关于国有土地使用权有偿使用收入若干财政问题的暂行规定》的通知（财政部〔92〕财综字第 172 号）	土地出让金总额的 5％应上缴中央财政，土地转让交易额和土地出租收入的 5％应作为上缴中央财政的土地收益金或土地增值费；对连同地面建筑物一同转让的土地使用权，应根据房产评估价格，经财政部门核定，在交易总额中扣除合理的住房价款，其余额的 5％作为土地收益金或土地增值费上缴中央财政。
1993.12.15	《国务院关于实行分税制财政管理体制的决定》	国有土地有偿使用收入划为地方固定收入。
2004.3.22	《国务院关于将部分土地出让金用于农业土地开发有关问题的通知》（国发〔2004〕8 号）	土地出让金用于农业土地开发的比例，由各省、自治区、直辖市及计划单列市人民政府根据不同情况，按各市、县不低于土地出让平均纯收益的 15％确定。土地出让平均纯收益的具体标准由财政部、国土资源部确定。

发文时间	部门、文件	内容
2004.7.12	《财政部 国土资源部关于印发《用于农业土地开发的土地出让金收入管理办法》的通知》（财综〔2004〕49号）	土地出让金用于农业土地开发的比例，由各省、自治区、直辖市及计划单列市人民政府根据不同情况，按各市、县不低于土地出让平均纯收益的15%确定。
2004.10.21	《国务院关于深化改革严格土地管理的决定》（国发〔2004〕28号）	土地补偿费和安置补助费的总和达到法定上限，尚不足以使被征地农民保持原有生活水平的，当地人民政府可以用国有土地有偿使用收入予以补贴。 探索建立国有土地收益基金，遏制片面追求土地收益的短期行为
2006.7.5	《财政部建设部国土资源部关于切实落实城镇廉租住房保障资金的通知》（财综〔2006〕25号）	各地从土地出让净收益中用于城镇廉租住房建设的资金，可以按照当年实际收取的土地出让总价款扣除实际支付的征地补偿费、拆迁补偿费、土地开发费、计提用于农业土地开发的资金以及土地出让业务费后余额的5%左右核定，具体安排资金数额由市、县财政部门商同级房产主管部门确定。
2006.12.31	《国有土地使用权出让收支管理办法》 （财综〔2006〕68号）	土地出让收支全额纳入地方政府基金预算管理。收入全部缴入地方国库，支出一律通过地方政府基金预算从土地出让收入中予以安排，实行彻底的"收支两条线"管理。 土地出让收入的使用要重点向新农村建设倾斜，逐步提高用于农业土地开发和农村基础设施建设的比重，逐步改善农民的生产、生活条件和居住环境，努力提高农民的生活质量和水平。
2006.12.27	《国务院办公厅关于规范国有土地使用权出让收支管理的通知》（国办发〔2006〕100号）	土地出让收入使用范围：（一）征地和拆迁补偿支出。包括土地补偿费、安置补助费、地上附着物和青苗补偿费、拆迁补偿费。（二）土地开发支出。包括前期土地开发性支出以及按照财政部门规定与前期土地开发相关的费用等。（三）支农支出。包括计提农业土地开发资金、补助被征地农民社会保障支出、保持被征地农民原有生活水平补贴支出以及农村基础设施建设支出。（四）城市建设支出。包括完善国有土地使用功能的配套设施建设支出以及城市基础设施建设支出。（五）其他支出。包括土地出让业务费、缴纳新增建设用地土地有偿使用费、计提国有土地收益基金、城镇廉租住房保障支出、支付破产或改制国有企业职工安置费支出等。

发文时间	部门、文件	内容
2007.10.30	《廉租住房保障资金管理办法》（财综〔2007〕64 号）	按规定将土地出让净收益不低于 10% 的比例用于廉租住房保障。
2010.10.26	《关于保障性安居工程资金使用管理有关问题的通知》（财综〔2010〕95 号）	从 2010 年起，各地在确保完成当年廉租住房保障任务的前提下，可将现行从土地出让净收益中安排不低于 10% 的廉租住房保障资金，统筹用于发展公共租赁住房。
2010.12.31	《中共中央 国务院关于加快水利改革发展的决定》（2011 年中央一号文件）	从土地出让收益中提取 10% 用于农田水利建设，充分发挥新增建设用地土地有偿使用费等土地整治资金的综合效益。
2011.5.24	《关于切实落实保障性安居工程资金 加快预算执行进度的通知》（财综〔2011〕41 号）	为确保土地出让收益更多地向保障性安居工程倾斜，市县财政部门应当按照当年实际缴入地方国库的招标、拍卖、挂牌和协议出让国有土地使用权取得的土地出让收入，扣除当年从地方国库中实际支付的征地和拆迁补偿支出、土地出让前期开发支出、计提农业土地开发资金支出… 等相关项目后，作为计提保障性安居工程资金的土地出让收益口径，严格按照不低于 10% 的比例安排资金…土地出让收益较多、保障性安居工程资金需求较大、公共预算难以满足相关资金需要的市县，可以根据当地实际情况，进一步提高土地出让收益用于保障性安居工程的比例。
2011.6.29	《国务院关于进一步加大财政教育投入的意见》（国发〔2011〕22 号）	从 2011 年 1 月 1 日起，各地区要从当年以招标、拍卖、挂牌或者协议方式出让国家土地使用权取得的土地出让收入中，按照扣除征地和拆迁补偿、土地开发等支出后余额 10% 的比例，计提教育资金。具体办法由财政部会同有关部门制定。
2012.11.8	十八大报告	改革征地制度，提高农民在土地增值收益中的分配比例。
2013.11.12	中国共产党第十八届中央委员会第三次全体会议通过《中共中央关于全面深化改革若干重大问题的决定》	建立城乡统一的建设用地市场。在符合规划和用途管制前提下，允许农村集体经营性建设用地出让、租赁、入股，实行与国有土地同等入市、同权同价。缩小征地范围，规范征地程序，完善对被征地农民合理、规范、多元保障机制。扩大国有土地有偿使用范围，减少非公益性用地划拨。建立兼顾国家、集体、个人的土地增值收益分配机制，合理提高个人收益。完善土地租赁、转让、抵押二级市场。

发文时间	部门、文件	内容
2015.11.2	深化农村改革综合性实施方案	缩小土地征收范围，规范土地征收程序，完善对被征地农民合理、规范、多元保障机制，建立兼顾国家、集体、个人的土地增值收益分配机制，合理提高个人收益。允许土地利用总体规划和城乡规划确定为工矿仓储、商服等经营性用途的存量农村集体建设用地，与国有建设用地享有同等权利，在符合规划、用途管制和依法取得的前提下，可以出让、租赁、入股，完善入市交易规则、服务监管制度和土地增值收益的合理分配机制。探索宅基地有偿使用制度和自愿有偿退出机制，探索农民住房财产权抵押、担保、转让的有效途径。
2016.4.18	农村集体经营性建设用地土地增值收益调节金征收使用管理暂行办法	农村集体经济组织通过出让、租赁、作价出资（入股）等方式取得农村集体经营性建设用地入市收益，以及入市后的农村集体经营性建设用地土地使用权人，以出售、交换、赠予、出租、作价出资（入股）或其他视同转让等方式取得再转让收益时，向国家缴纳调节金。调节金分别按入市或再转让农村集体经营性建设用地土地增值收益的20%—50%征收

附表 2　2003—2015 年间的土地出让纯收益[①]
Attached Table 2 Net income of land leasing from 2003 to 2015

年份	土地出让成交价款 （亿元）	土地出让纯收益 （亿元）	纯收益占比 （%）
2003	5 421. 31	1 799. 12	33. 19
2004	6 412. 18	2 339. 79	36. 49
2005	5 883. 82	2 183. 97	37. 12
2006	8 077. 64	2 978. 29	36. 87
2007	1 2216. 72	4 541. 42	37. 17
2008	10 259. 80	3 611. 95	35. 20
2009	17 179. 53	10 524. 00	61. 26
2010	27 464. 48	9 932. 00	36. 16
2011	32 126. 08	9 634. 00	29. 99
2012	28 042. 28	6 664. 00	23. 76
2013	43 745. 30	7 932. 86	18. 13
2014	42 940. 30	8 987. 93	20. 93
2015	33 657. 70	6 883. 19	20. 46

[①]　2003—2008 年数据来自《中国国土资源年鉴》，2009—2012 年查询自《新型城镇化之土地制度改革路径》113 页，2013—2014 年数据查询自据财政部的《2014 年全国土地出让收支情况》。2014—2015 年土地出让金的数据查询自财政部的《2014 年全国土地出让收支情况》，其余均查询自《中国国土资源年鉴》。

附表 3　2008—2015 年间的土地出让收益各项支出（单位：亿元）[①]

Attached Table 3 Each expense in income of land leasing from 2008 to 2015（a hundred million yuan RMB）

支出项目	2008 年	2009 年	2010 年	2011 年	2012 年	2013 年	2014 年	2015 年
城市基础设施建设支出	3 024.02	3 340.99	7 531.67	5 564.88	3 204.15	3 776.04	4 063.02	3531.53
农村基础设施建设支出	338.3	433.1	1021.68	760.45	488.08	516.75	428.90	
农田水利建设资金支出	—	—	—	140.75	224.59	378.37	482.80	2 091.48
农业土地开发资金支出	126.07	143	188.87	186.42	160.20	1 424.50	1 146.72	
土地整理和耕地保护支出	—	—	—	811.37	855.36			
保障性安居工程支出	145.57	187.1	463.62	662.42	593.01	721.84	760.10	823.49
计提国有土地收益基金	308.91	440.63	1007.89	—	—	—	—	—
教育资金支出	—	—	—	232.66	269.95	365.38	377.07	436.69
缴纳新增费	638.71	923.11	983.73					
总支出	4 581.58	5 467.93	11 197.46	8 428.67	5 796.94	7 182.87	7 258.61	6 883.19

①　2008—2010 年的数据来自刘守英等的专著《土地制度改革与转变发展方式》154 页的统计，2011—2012 年的数据查询自王世元主编的《新型城镇化之土地制度改革路径》125 页的统计。2013—2015 年的数据查询自财政部的《2014 年全国土地出让收支情况》《2014 年全国土地出让收支情况》。各组数据之间统计存有差别，统计条目不同。2011 年开始才计提教育和农田水利投资。2013—2014 年的统计条目中没有区分开农业土地开发和基本农田建设与保护，因此这二者列作一项。

参考文献

［1］刘铮主编. 人口理论教程［M］. 中国人民大学出版社，1985：251.

［2］沈建国. 世界城市化的基本规律［J］. 城市发展研究，2000，（01）：6－11＋78.

［3］高珮义. 世界城市化的一般规律与中国的城市化［J］. 中国社会科学，1990，（5）：127－139.

［4］周一星. 城市化与国民生产总值关系的规律性探讨［J］. 人口与经济，1982，（1）：28－33.

［5］中国科学院经济研究所世界经济研究室编. 主要资本主义国家经济统计集（1848—1960）［M］. 世界知识出版社，1962：177，333.

［6］谢文蕙，邓卫. 城市经济学［M］. 北京：清华大学出版社，1996：28.

［7］华生. 城市化转型与土地陷阱［M］. 北京：东方出版社，2013：1，40－42，73，220－260，311－344.

［8］中国经济增长前沿课题组. 城市化、财政扩张与经济增长［J］. 经济研究，2011，（11）：4－20.

［9］国务院发展研究中心课题组. 农民工市民化对扩大内需和经济增长的影响［J］. 经济研究，2010，（06）：4－16＋41.

［10］万广华等. 中国的城市化道路与发展战略：理论探讨和实证分析［M］. 经济科学出版社，2012.

［11］王筱明，吴泉源. 城市化建设与土地集约利用［J］. 中国人口. 资源与环境，2001，（S2）：6－7.

［12］谈明洪，李秀彬，吕昌河. 20 世纪 90 年代中国大中城市建设用地扩张及其对耕地的占用［J］. 中国科学（D 辑：地球科学）. 2004，34（12）：1157－1165.

[13] 陶然，曹广忠. "空间城镇化"、"人口城镇化"的不匹配与政策组合应对 [J]. 改革，2008，(10)：83 - 88.

[14] 梁倩. 国土部：应以"用地极限"控城镇化规模 [N]. 经济参考报，2013 - 04 - 30 (1).

[15] 陶然，王瑞民，陶勇. 城市化与土地—户籍—公共财政体制联动改革 [R]. 人大国发院：新型城镇化系列报告 NCT201301，2013.

[16] 丁成日. 城市经济与城市政策 [M]. 商务出版社，2008：58 - 88.

[17] 朱一中，曹裕，严诗露. 基于土地租税费的土地增值收益分配研究 [J]. 经济地理，2013，33 (11)：144 - 150.

[18] 张耀宇；陈利根. 竞争发展、垄断供地者与城市用地增长 [J]. 上海财经大学学报，2016，(2)：55 - 66.

[19] 刘守英；周飞舟；邵挺. 土地制度改革与转变发展方式 [M]. 中国发展出版社，2012.

[20] 刘守英. 直面中国土地问题 [M]. 北京：中国发展出版社，2014.

[21] 李北方. 超级地租：税权旁落地产商——对话资深财经人士卢麒元 [J]. 南风窗，2015，10：80 - 83.

[22] 陈广桂；孟令杰. 农民市民化成本收益率与城市规模关系的实证研究 [J]. 江西农业学报，2008，20 (09)：169 - 171.

[23] 陈浩，张京祥，陈宏胜. 新型城镇化视角下中国"土地红利"开发模式转型 [J]. 经济地理，2015，35 (04)：1 - 8.

[24] 潘家华，魏后凯编. 中国城市发展报告 NO. 5：迈向城市时代的绿色繁荣 [M]. 社会科学文献出版社，2012.

[25] 林毅夫. 论经济学方法 [M]. 北京：北京大学出版社，2005.

[26] 易丹辉. 时间序列分析方法与应用 [M]. 中国人民大学出版社，2011：221.

[27] 陈强. 高级计量经济学即 Stata 应用（第二版）[M]. 高等教育出版社，2014：482.

[28] 李苗新，陆强. 中国管理学案例研究：综述与评估 [J]. 科研管理，2010，31 (5)：35 - 44＋102.

[29] 北京大学中国经济研究中心宏观组. 产权约束、投资低效与通货紧缩 [J]. 经济研究，2004，(9)：26 - 35.

［30］周黎安. 中国地方官员的晋升锦标赛模式研究［J］. 经济研究，2007，(10)：36－50.

［31］王小鲁. 土地收益分配制度的改革势在必行［J］. 农村工作通讯，2012，(17)：35.

［32］汪晖. 城乡结合部的土地征用：征用权与征地补偿［J］. 中国农村经济，2002，(02)：40－46.

［33］黄东东. 土地征用公益目的性理解［J］. 中国土地，2003，(01)：36－38.

［34］周其仁. 城乡中国（上）［M］. 北京：中信出版社，2013：7－9，20，46－50，149－162.

［35］刘志玲；李江风；龚健. 城市空间扩展与"精明增长"中国化［J］. 城市问题 2006，(05)：17－20.

［36］陶然，汪晖. 中国尚未完成之转型中的土地制度改革：挑战与出路［J］. 国际经济评论，2010，(02)：93－123＋125.

［37］经济增长前沿课题组. 高投资、宏观成本与经济增长的持续性［J］. 经济研究，2005，(10)：12－23.

［38］唐在富. 中央政府与地方政府在土地调控中的博弈分析——诠释宏观调控中政府间关系协调的一种新尝试［J］. 当代财经，2007，(08)：24－29.

［39］谭荣，曲福田. 自然资源合理利用与经济可持续发展［J］. 自然资源学报，2005，(06)：797－805.

［40］谭荣，曲福田. 现阶段农地非农化配置方式效率损失及农地过度性损失［J］. 中国土地科学，2006a.，(03)：3－8.

［41］谭荣，曲福田. 农地非农化的空间配置效率与农地损失［J］. 中国软科学，2006b，(05)：49－57.

［42］谭荣，曲福田. 中国农地非农化与农地资源保护：从两难到双赢［J］. 管理世界，2006c，(12)：50－59＋66.

［43］国土资源部信息中心. 中国国土资源安全状况分析报告［M］. 北京：中国大地出版社，2006.

［44］常进雄. 城市化进程中失地农民合理利益保障研究［J］. 中国软科学，2004，(03)：5－10.

［45］朱明海. 城市工业用地节约利用及其评价研究［D］. 武汉：华中科技大学，2007.

[46] 王绍光. 分权的底限 [M]. 北京：中国计划出版社，1997.

[47] 周飞舟. 分税制十年 制度及其影响 [J]. 中国社会科学，2006，（6）：100-115.

[48] 姚洋，杨雷. 制度供给失衡和中国财政分权的后果 [J]. 战略与管理，2003，（3）：27-33.

[49] 蒋省三，刘守英，李青. 土地制度改革与国民经济成长 [J]. 管理世界，2007，（9）：1-9.

[50] 温铁军；朱守银. 土地资本的增殖收益及其分配——县以下地方政府资本原始积累与农村小城镇建设中的土地问题 [J]. 中国土地，1996，（04）：24-27.

[51] 鲍海君，吴次芳. 关于征地补偿问题的探讨 [J]. 价格理论与实践，2002，（06）：28-30.

[52] 王海明. 农民能否分享级差地租? [N]. 21世纪经济报道，2003-02-13.

[53] 中国土地政策改革课题组. 中国土地现状解密：土地财政和地方政府 [N]，财经每周特稿，2006（04）.

[54] 杨志荣，吴次芳. 制度收益与发展收益对农地非农化进程的影响差异及其对政策调整的启示 [J]. 中国土地科学，2008，22（2）：3-8+16.

[55] 刘浩；葛吉琦. 国内外土地征用制度的实践及其对我国征地制度改革的启示 [J]. 农业经济，2002，（05）：33-35.

[56] 陶然；袁飞；曹广忠. 区域竞争土地出让与地方财政效应基于1999—2003年中国地级城市面板数据的分析 [J]. 世界经济，2007，（10）：15-27.

[57] 吴群，李永乐. 财政分权、地方政府竞争与土地财政 [J]. 财贸经济，2010，（07）：51-59.

[58] 陶然，陆曦，苏福兵，汪晖. 地区竞争格局演变下的中国转轨：财政激励和发展模式反思 [J]. 经济研究，2009，（07）：21-33.

[59] 王斌，高波. 土地财政、晋升激励与房价棘轮效应的实证分析 [J]. 南京社会科学，2011，（5）：28-34.

[60] 王世元主编. 新型城镇化之土地制度改革路径 [M]. 北京：中国大地出版社，2014.

[61] 方烨. 我国城市人均建设用地居世界之首 远超合理水平 [N]. 经济参考报，2006-03-13.

［62］王海杰. 我国农村土地产权制度的现状与改革模式选择［J］. 改革与战略，2007，(6)：80－82.

［63］高慧琼，吴群，温修春. 我国集体土地产权制度沿革及其评析［J］. 农村经济，2005，(7)：31－34.

［64］黄祖辉，鲁柏祥. 非农化和城市化：浙江现代化战略的重点［J］. 浙江社会科学，2000，(05)：32－36.

［65］王友明. 中国农村土地产权制度的历史变迁［J］. 中共党史研究，2009，(1)：35－41.

［66］张云华. 宅基地置换模式与增值收益分配研究［A］张云华，肖俊彦完善与改革农村宅基地制度研究［C］. 北京中国农业出版社，2011：126.

［67］文贯中. 吾民无地：城市化、土地制度与户籍制度的内在逻辑［M］. 北京：人民东方出版社，2014a：22－26.

［68］张良悦. 户籍对价、劳动力迁移与土地流转［J］. 财经科学，2011，(01)：117－124.

［69］华生. 中国改革：做对的和没做的［M］. 东方出版社：北京，2012：115.

［70］蔡昉. 劳动力迁移的两个过程及其制度障碍［J］. 社会学研究，2001，(04)：44－51.

［71］中国国际城市化发展战略研究委员会. 2012年中国城市化率调查报告［R］. 中国国际城市化发展战略研究委员会，2014.

［72］万广华. 城市化与中国的减贫和不平等［J］. 比较，2008a，(36)：160－172.

［73］万广华. 中国的反贫困：仅有高经济增长够吗［J］. 联合国发展经济学研究院简报 2008b，(8)：1－8.

［74］白南生；李靖. 城市化与中国农村劳动力流动问题研究［J］. 中国人口科学，2008，(04)：2－10＋95.

［75］龚启圣，刘守英. 农民对土地产权的意愿及其对新政策的反应［J］. 中国农村观察，1998，(02)：20－27.

［76］赵冈. 历史上的土地制度与地权分配［M］. 北京：中国农业出版社，2003.

［77］王兴稳，钟甫宁. 土地细碎化与农用地流转市场［J］. 中国农村观察，

2008，(04)：29-34+80.

[78] 钟甫宁；王兴稳. 现阶段农地流转市场能减轻土地细碎化程度吗？—来自江苏兴化和黑龙江宾县的初步证据 [J]. 农业经济问题，2010，(01)：23-32+110.

[79] 马晓河. 统筹城乡发展要解决五大失衡问题 [J]. 宏观经济研究，2004，(04)：3-6+12.

[80] 汪晖. 城市化进程中的土地制度研究——以浙江省为例 [D]. 杭州：浙江大学，2002.

[81] 黄祖辉，汪晖. 非公共利益性质的征地行为与土地发展权补偿 [J]. 经济研究，2002，(05)：66-71+95.

[82] 周其仁；农地产权与征地制度——中国城市化面临的重大选择 [J]. 经济学（季刊），2004，4 (1)：193-210.

[83] 蔡继明. 必须给被征地农民以合理补偿 [J]. 中国审计，2004，(08)：18.

[84] 李元. 集约节约土地 不断提高城市土地运营水平 [J]. 中国土地，2003，(12)：11-14.

[85] 曲福田，黄贤金. 中国土地制度研究——土地制度改革的产权经济分析 [M]. 徐州：中国矿业大学出版社，1997.

[86] 叶艳妹，彭群，吴旭升. 农村城镇化、工业化驱动下的集体建设用地流转问题探讨—以浙江省湖州市、建德市为例 [J]. 中国农村经济，2002，(09)：36-42.

[87] 蒋省三，刘守英. 土地资本化与农村工业化—广东省佛山市南海经济发展调查 [J]. 管理世界，2003，(11)：87-97.

[88] 钱忠好，马凯. 我国城乡非农建设用地市场、垄断、分割与整合 [J]. 管理世界，2007，(6)：38-44.

[89] 黄大全，郑伟元. 海外城市化与耕地保护对中国的启示 [J]. 中国土地科学，2005，19 (03)：38-43.

[90] 林崐. 国土资源部土地整理中心：我国村镇建设用地总量是城市的 4.6 倍 [N]. 人民日报：2006-02-18 (5).

[91] 邢亦青. 成都市征地制度改革实践 [C]. 张曙光. 博弈地权的细分、实施和保护 [M]，北京：社会科学文献出版社，2011.

[92] 钱忠好，牟燕. 土地市场化是否必然导致城乡居民收入差距扩大—基于中国 23 个省（自治区、直辖市）面板数据的检验 [J]. 管理世界，2013，(2)：78-89.

[93] 贺雪峰. 地权的逻辑Ⅱ：地权变革的真相与谬误 [M]. 北京：东方出版社，2013：23-42，105-109.

[94] 赫尔南多·德·索托. 资本的秘密 [M]. 北京：华夏出版社，2007.

[95] 黎元生. 农村土地产权配置市场化与制度改革 [J]. 当代经济研究，2007，(3)：44-47.

[96] 周其仁. 城乡中国（下）[M]. 北京：中信出版社，2014：166-172，173-178，240-248.

[97] 杨小凯，江濡山. 中国改革面临的深层问题——关于土地制度改革 [J]. 战略与管理，2002，(5)：1-5.

[98] 潘家华（主编）. 中国城市发展报告 NO. 6：农业转移人口的市民化 [M]. 北京：社会科学文献出版社，2013.

[99] 姚洋. 农地制度与农村社会保障 [J]. 农村内部文稿，1999.

[100] 姚洋. 效率，抑或政治需要——评《农村土地承包法》[J]. 南风窗，2002，(18)：40-41.

[101] 陈会广，刘中原. 留在农村，还是继续进程？——返乡农民工分化及其土地权益在其中的作用调查研究 [J]. 现代管理，2011，1，131-136.

[102] 陈会广，陈昊，刘忠原. 土地权益在农民工城乡迁移意愿影响中的作用显化——基于推拉理论的分析 [J]. 南京农业大学学报（社会科学版），2012a，(01)：58-66+117.

[103] 陈会广，刘忠原，石晓平. 土地权益在农民工城乡迁移决策中的作用研究——以南京市 1062 份农民工问卷为分析对象 [J]. 农业经济问题，2012b，(07)：70-77+111-112.

[104] 陈会广，刘忠原. 土地承包权益对农村劳动力转移的影响——托达罗模型的修正与实证检验 [J]. 中国农村经济，2013，(11)：12-23.

[105] 陶然，徐志刚. 城市化、农地制度与迁移人口社会保障——一个转轨中发展的大国视角与政策选择 [J]. 经济研究，2005，(12)：45-56.

[106] 陈广桂. 房价、农民市民化成本和我国的城市化 [J]. 中国农村经济，2004，(03)：43-47.

[107] 张军. 分权与增长：中国的故事 [J]. 经济学（季刊），2008，7（01）：21-52.

[108] 周黎安. 晋升博弈中政府官员的激励与合作——兼论我国地方保护主义和重复建设问题长期存在的原因 [J]. 经济研究，2004，（06）：33-40.

[109] 周黎安，陶婧. 官员晋升竞争与边界效应：以省区交界地带的经济发展为例 [J]. 金融研究，2011，（03）：15-26.

[110] 周黎安，赵鹰妍，李力雄. 资源错配与政治周期 [J]. 金融研究，2013，（03）：15-29.

[111] 杨其静；郑楠. 人大国发院研究报告、标尺竞争、锦标赛还是资格赛 [R]. 人大国发院：中国改革系列报告 NPE201301，2013.

[112] 靳相木. 地根经济：一个研究范式及其对土地宏观调控的初步应用 [M]. 杭州：浙江大学出版社，2007：66-67.

[113] 吴次芳；谭永忠. 内在基础与外部条件——土地政策作为宏观调控工具的初步分析 [J]. 中国土地，2004.，（05）：8-9.

[114] 刘书楷等. 土地经济学（第二版）[M]. 北京：中国农业出版社，2006：2-3，102-121.

[115] 李嘉图. 政治经济学即赋税原理 [M]. 北京：商务印书馆，1976.

[116] 赵一，李娟娟. 马克思与李嘉图的地租理论比较分析 [J]. 改革与战略，2011，27（10）：189-191.

[117] 阿朗索. 区位和土地利用 [M]. 北京：商务印书馆，2009.

[118] 亨利·乔治. 进步与贫困（第四版）[M]. 北京：商务印书馆，2010.

[119] 马克思. 资本论：第 3 卷 [M]. 北京：人民出版社，2003.

[120]《马克思主义政治经济学概论》编写组. 马克思主义政治经济学概论 [M]. 北京：人民出版社，2011.

[121] 中共中央马克思恩格斯列宁斯大林著作编译局. 马克思恩格斯全集（第一卷）[M]. 北京：人民出版社，1972.

[122] 孟捷，龚剑. 金融资本与"阶级——垄断地租"——哈维对资本主义都市化的制度分析 [J]. 中国社会科学，2014，（8）：91-108.

[123] 陈美华，李建建. 社会主义城市地租理论及其当代价值——陈征经济思想述评 [J]. 东南学术，2015，（6）：30-37.

[124] 洪银兴，葛扬. 马克思地租、地价理论研究 [J]. 当代经济研究，

2005，（8）：3－6.

[125] 戚名琛. 论地租地价对城市土地利用的调节作用 [J]. 中国土地科学，1994，8（增刊）：10，16－20.

[126] 李秉. 土地经济理论的核心是地租理论 [J]. 中国土地科学，1995，9（6）：1－5.

[127] 陈征. 论社会主义城市绝对地租 [J]. 中国社会科学，1993（1）：22－32.

[128] 陈征. 社会主义城市级差地租 [J]. 中国社会科学，1995a，（1）：40－53.

[129] 陈征. 论社会主义城市垄断地租 [J]. 经济学家，1995b，（3）：105－109.

[130] 亨利·乔治. 进步与贫困（第四版）[M]. 北京：商务印书馆，2010.

[131] 大卫·哈维. 陈静（译）. 资本之谜 [M]. 北京：电子工业出版社，2011.

[132] 沃纳·赫希. 城市经济学（第一版）[M]. 北京：中国社会科学出版社，1990.

[133] 许学强，周一星，宁月敏. 城市地理学（第二版）[M]. 北京：高等教育出版社，2009：37，55.

[134] 丁成日. 城市增长与对策——国际视角与中国发展 [M]. 北京：高等教育出版社，2009：1－2.

[135] 周天勇，胡锋. 托达罗人口流动模型的反思和改进 [J]. 中国人口科学，2007，（01）：18－26＋95.

[136] 章铮. 从托达罗模型到年龄结构—生命周期模型 [J]. 中国农村经济，2009，05：43－51.

[137] 贺卫，王浣尘. 西方经济学说史中地租理论的演变 [J]. 当代经济科学，2000，22（2）：69－75.

[138] 朱一中，王哲. 土地增值收益管理研究综述 [J]. 华南理工大学学报（社会科学版），2014，16（2）：53－58.

[139] 朱一中，曹裕，严诗露. 基于土地租税费的土地增值收益分配研究 [J]. 经济地理，2013，33（11）：144－150.

[140] 张基凯，吴群，黄秀欣. 耕地非农化对经济增长贡献的区域差异研究 [J]. 资源科学，2010，32（5）：959－969.

[141] 朱一中，曹裕. 农地非农化过程中的土地增值收益分配研究——基于土

地发展权的视角 [J]. 经济地理, 2012, 32 (10): 133-138.

[142] 林瑞瑞, 朱道林, 刘晶, 周鑫. 土地增值产生环节及收益分配关系研究 [J]. 中国土地科学, 2013, 27 (2): 5-10.

[143] 张耀宇, 陈利根, 陈会广. "土地城市化" 向 "人口城市化" 转变——一个分析框架及其政策含义 [J]. 中国人口. 资源与环境, 2016a, 26 (3): 127-135.

[144] 张俊, 于海燕. 国内外城市土地增值收益分配制度的比较与借鉴 [J]. 价格月刊, 2008, (370): 68-70.

[145] 张庭伟. 控制城市用地蔓延: 一个全球的问题 [J]. 城市规划, 1999, (8): 44-48.

[146] 约翰·M·利维著. 现代城市规划 [M]. 北京: 中国人民大学出版社, 2003.

[147] David N. Bengston 等. 美国城市增长管理和开敞空间保护的国家政策——美国的政策约束手段及经验教训 [J]. 国土资源情报, 2004, (4): 42-49.

[148] 唐相龙. "精明增长" 研究综述 [J]. 城市问题, 2009, (08): 98-102.

[149] 郭湘闽. 美国都市增长管理的政策实践及其启示 [J]. 规划师, 2009, (08): 20-25.

[150] 阿瑟·奥莎莉文. 城市经济学 (第六版) [M]. 北京: 北京大学出版社, 2009: 2, 26.

[151] 周一星, 史育龙. 建立中国城市的实体地域概念 [J]. 地理学报, 1995, 50 (4): 289-301.

[152] 田国强. 现代经济学的基本分析框架与研究方法 [J]. 经济研究, 2005, (2): 113-125.

[153] 张培刚. 农业国与工业化 [M]. 武汉: 武汉大学出版社, 2013: 238-248.

[154] W. W. 罗斯托. 经济增长的阶段——非共产党宣言 [M]. 北京: 中国社会科学出版社, 2001.

[155] 林毅夫. 解读中国经济 [M]. 北京: 北京大学出版社, 2012: 84-85.

[156] 温铁军等. 八次危机: 中国的真实经验 [M]. 北京: 人民东方出版社, 2013.

[157] 哈罗德·德姆塞茨. 企业经济学 [M]. 北京：中国社会科学出版社，1999.

[158] 傅勇，张晏. 中国式分权与财政支出结构偏向：为增长而竞争的代价 [J]. 管理世界，2007，(3)：4-12+22.

[159] 张晏等. 标尺竞争在中国存在吗？——对我国地方政府公共支出相关性的研究 [J]. 复旦大学中国社会主义市场经济研究中心工作论文. 2005.

[160] 王永钦，张晏；等. 十字路口的中国——基于经济学文献的分析 [J]. 世界经济. 2006，(10)：3-20+95.

[161] 西蒙. 现代决策理论的基石 [M]. 北京：北京经济学院出版社，1989.

[162] 道格拉斯·C·诺斯. 制度、制度变迁与经济绩效 [M]（中文版）. 上海：上海三联书店，1994.

[163] 文贯中. 用途管制要过滤的是市场失灵还是非国有土地的入市权——与陈锡文先生商榷如何破除城乡二元结构 [J]. 学术月刊，2014b，46 (8)：7-19.

[164] 李辉，刘春艳. 日本与韩国城市化及发展模式分析 [J]. 现代日本经济，2008，(4)：46-50.

[165] 左翔，殷醒民，潘孝挺. 财政收入集权增加了基层政府公共服务支出吗？——以河南省减免农业税为例 [J]. 经济学（季刊），2011，(04)：1349-1374.

[166] 李勇刚，高波，任保全. 分税制改革、土地财政与公共品供给——来自中国 35 个大中城市的经验证据 [J]. 山西财经大学，2013，35 (11)：13-24.

[167] 清华大学中国经济社会数据中心. 清华大学发布城镇化全国入户调查数据 [EB/OL]. http：//www. chinadatacenter. tsinghua. edu. cn/news. php? id=308，2012-10-27.

[168] 陈伟，刘晓萍. "涨价归资本"中国农地转用增值收益分配新解 [J]. 经济学动态，2014，(10)：99-110.

[169] 王小映；贺明玉；高永. 我国农地转用中的土地收益分配实证研究——基于昆山、桐城、新都三地的抽样调查分析 [J]. 管理世界，2006 (5)：62-68.

[170] 马贤磊；曲福田. 经济转型期土地征收增值收益形成机理及其分配

［J］．中国土地科学，2006，20（5）：2－6．

［171］陆学艺，李培林，陈光金．2013年中国社会形势分析与预测［M］．北京：社会科学文献出版社，2013．

［172］王晓阳．重新审视土地出让金改革——一个国有产权和公共财政的框架［J］．当代财经，2007，（2）：34－38．

［173］陈浩，张京祥，周晓路．发展模式、供求机制与中国城市化的转轨［J］．城市与区域规划研究，2012，（2）：80－97．

［174］周其仁．中国农村改革：国家和所有权关系的变化（上）——一个经济制度变迁史的回顾［J］．管理世界，1995，（03）：178－189＋219－220．

［175］温铁军等．解读苏南［M］．苏州：苏州大学出版社，2011：18－37．

［176］林毅夫，蔡昉，李周．中国的奇迹——发展战略与经济改革（增订版）［M］．上海：格致出版社，上海三联出版社，上海人民出版社，2013：22－48．

［177］赵德鑫主编．中华人民共和国经济史［M］．郑州：人民出版社，1989：449．

［178］周怀龙．乘风破浪正当时［N］．中国国土资源报，2009－11－02001．

［179］赵新平，周一星．改革以来中国城市化道路及城市化理论研究述评［J］．中国社会科学，2002，（2）：132－138．

［180］陈锡文，赵阳，罗丹．中国农村改革30年回顾与展望［M］．北京：人民出版社，2008：2－3．

［181］温铁军．中国的城镇化道路与相关制度问题［J］．开放导报，2000，（5）：21－23．

［182］陈会广，张耀宇，陈利根等．土地调控与城市理性增长的政策体系研究［M］．北京：中国大地出版社，2014：12．

［183］农业部农村经济研究中心课题组．农村劳动力外出就业对农民、农业及输出地的影响与对策［J］．中国软科学，1996，12：66－70．

［184］蔡昉，都阳．转型中的中国城市发展——城市级层结构、融资能力与迁移政策［J］．经济研究，2003，（6）：64－71，95．

［185］郑思齐，师展，吴璟．土地出让、城市建设与房地产价格——对中国特色城市建设投融资模式的探讨［J］．学海，2014a，（5）：157－163．

［186］郑思齐，孙伟增，吴璟，等．"以地生财，以财养地"——中国特色城市建设投融资模式研究［J］．经济研究，2014b，（8）：14－27．

[187] 杨帆, 卢周来. 中国的"特殊利益集团"如何影响地方政府决策——以房地产利益集团为例 [J]. 管理世界, 2010, (6): 65 - 73, 105.

[188] 叶建亮. 公共产品歧视性分配政策与城市人口控制 [J]. 经济研究, 2006, (11): 27 - 36, 127.

[189] 尹中立. 住房"掠夺"了居民 10 万亿元财富 [N]. 21 世纪经济报道, 2010 - 03 - 22002.

[190] 万广华, 朱翠萍. 中国城市化面临的问题与思考: 文献综述 [J]. 世界经济文汇, 2010, (6): 106 - 116.

[191] 严冀, 陆铭. 分权与区域经济发展: 面向一个最优分权程度的理论 [J]. 世界经济文汇, 2003, (03): 55 - 66.

[192] 邢华, 胡汉辉. 中国经济转型中地方政府的角色转换 [J]. 中国软科学, 2003, (08): 144 - 148.

[193] 张闫龙. 财政分权与省以下政府间关系的演变——对 20 世纪 80 年代 A 省财政体制改革中政府间关系变迁的个案研究 [M]. 社会科学研究, 2006, 21 (05): 39 - 63.

[194] 姚洋, 杨汝岱. 政府行为与中国经济结构转型研究 [M]. 北京: 北京大学出版社, 2014.

[195] 周业安. 县乡级财政支出管理体制改革的理论与对策 [J]. 管理世界, 2000, (05): 122 - 132.

[196] 张德元. 征地问题是什么问题 [J]. 调研世界, 2006, (10): 30 - 31.

[197] 吕冰洋. 中国政府间财政关系构建: 寓分权与集权之中 NPE201408 [R]. 北京: 中国人民大学: 人大国发院, 2014.

[198] 汪冲. 寡头型国有土地供应、土地信贷融资与财政调整——城市面板数据的联立方程空间计量研究 [J]. 上海财经大学学报, 2011, 13 (4): 75 - 81.

[199] 张五常. 中国的经济制度 [M]. 北京: 中信出版社, 2009: 144, 157.

[200] 张耀宇, 陈利根, 宋璐怡. 城市用地扩张驱动力机制的差异性研究——基于中国 243 个城市面板数据的检验 [J]. 资源科学, 2016b, 38 (1): 30 - 40.

[201] 陶然, 袁飞, 曹广忠. 区域竞争、土地出让与地方财政效应: 基于 1999—2003 年中国地级城市面板数据的分析 [J]. 世界经济, 2007, (10): 15 - 27.

[202] 刘守英，蒋省三. 土地融资与财政和金融风险——来自东部一个发达地区的个案 [J]. 中国土地科学，2005，19 (5) 05：3 - 9.

[203] 徐丹. 我国开发区土地集约利用化研究 [D]. 上海：同济大学. 2007.

[204] 章新峰. 我国城市土地财政转型研究 [D]. 浙江：浙江大学. 2010.

[205] 陶然，徐志刚. 城市化、农地制度与迁移人口社会保障——一个个转轨中发展的大国视角与政策选择 [J]. 经济研究，2005，(12)：45 - 56.

[206] 赵燕菁. 土地财政：历史、逻辑与抉择 [J]. 城市发展研究，2014，21 (1)：1 - 13.

[207] 张清勇，丰雷. 中国征地制度：过程、困境与出路 [R]. 北京：中国人民大学国家发展与战略研究院，2015.

[208] 陈国富，卿志琼. 财政幻觉下的中国土地财政——一个法经济学视角 [J]. 南开学报（哲学社会科学版），2009，(1)：69 - 78.

[209] 甘藏春. 《土地管理法》实施后的形势与任务 [J]. 中外房地产导报，2000，(03)：4 - 6.

[210] 人民网. 农民工养老难题待破解 [EB/OL]. 2015. http：//politics. people. com. cn/n/2015/0816/c70731-27468042. html.

[211] 王春光. 农村流动人口的"半城市化"问题研究 [J]. 社会学研究，2006，(05)：107 - 122＋244.

[212] 国务院发展研究中心课题组. 中国新型城镇化道路、模式和政策 [M]. 中国发展出版社，2014. 172 - 173.

[213] 潘金霞. 是土地供应量与房地产税赋提高了房价吗 [J]. 南方经济，2013，(11)：30 - 40.

[214] 甘犁，尹志超，贾男，徐舒；等. 中国家庭金融调查报告（2012）[M]. 西南财经大学出版社，2012.

[215] 刘煜辉，张榉成. 中国地方政府融资平台分析 [J]. 银行家，2010，(06)：48 - 52＋47.

[216] 赵燕菁. 城市增长模式与经济学理论 [J]. 城市规划学刊，2011，(6)：20 - 27.

[217] 石忆邵. 中国新型城镇化与小城镇发展 [J]. 经济地理，2013，33 (7)：47 - 52.

[218] 厉以宁. 中国经济双重转型之路 [M]. 北京：中国人民大学，2013：1 - 15.

[219] 贺雪峰. 城市化的中国道路 [M]. 北京：东方出版社，2014：57 - 64，100 - 120.

[220] 张曙光. 中国城市化道路的是非功过——兼评贺雪峰的城市化的中国道路 [J]. 学术月刊，2015，47（7）：44 - 51.

[221] 曲福田等. 经济发展与土地可持续利用 [M]. 北京：人民出版社，2001.

[222] 哈耶克. 自由宪章 [M]. 北京：中国社会科学出版社，2012：516 - 528.

[223] 余庆康. 联合国人类居住中心 64 条建议 [J]. 国外城市规划，1994，(4)：53 - 55.

[224] 柴强. 各国（地区）土地制度与政策 [M]. 北京：北京经济学院出版社，1993：50，139 - 149，250 - 260.

[225] 王万茂，臧俊梅. 试析农地发展权的归属问题 [J]. 国土资源科技管理，2006，23（3）：11 - 14.

[226] 俞金尧. 20 世纪发展中国家城市化历史反思——以拉丁美洲和印度为主要对象的分析 [J]. 世界历史，2011，(3)：4 - 22，157.

[227] 钱纳里. 发展的形势：1950—1988 [M]. 北京：经济科学出版社. 1988.

[228] 周一星. 城市地理学 [M]. 商务印书馆，1997.

[229] 韩俊，崔传义，赵阳. 巴西城市化过程中贫民窟问题及对我国的启示 [J]. 中国发展观察，2005，(06)：4 - 6.

[230] 张海敏；贾津生. 中国城市"贫民窟"形成的潜在压力及阻断机制分析 [J]. 云南师范大学学报（哲学社会科学版），2006，38（04）：35 - 38.

[231] 郑秉文. 拉美"过度城市化"与中国"浅度城市化"的比较 [J]. 中国党政干部论坛，2011，(7)：86 - 91.

[232] 中国科学院经济研究所世界经济研究室编. 主要资本主义国家经济统计集（1848—1960）[M]. 北京：世界知识出版社，1962：177，333.

[233] 徐波. 土地区划整理——日本的城市规划之母 [J]. 国外城市规划，1994，(2)：25 - 34.

[234] 华生. 破解土地财政，变征地为分地——东亚地区城市化用地制度的启示 [J]. 国家行政学院学报，2015，(3)：15 - 19.

[235] 孙淑芬. 日本、韩国住房保障制度及对我国的启示 [J]. 财经问题研究，2011，(4)：103 - 107.

[236] 汪利娜. 日本住房金融公库住房保障功能的启示 [J]. 经济学动态，

2010，（11）：126 - 130.

[237] 国务院发展研究中心课题组. 韩国如何解决低收入家庭住房问题［J］. 中国发展观察，2007，（1）：45 - 47.

[238] 田茫茫. 地票交易政策实施中的问题研究——来自重庆市彭水县靛水乡新田坡村的案例［D］. 重庆：西南大学，2013.

[239] 蒋胜强. 推动农村住房建设的根本性变革——嘉善县"两分两换"姚庄模式开创新农村建设新局面［J］. 今日浙江，2010，（6）：33 - 35.

[240] 李通. 浙江"两分两换"实验的调查与评价［D］. 杭州：浙江大学，2010.

[241] 王永宇. "人地挂钩"政策刍议［J］. 资源导刊，2011，（12）：21 - 22.

[242] 黄建水，黄鹏. 中原经济区城镇化中的土地问题研究［M］. 北京：中国农业出版社，2013：114 - 121.

[243] 王永宇. 浅议"人地挂钩"政策［J］. 中国土地，2012，（6）：42 - 43.

[244] 丁新务. 经济社会发展的金推手——人地挂钩政策浅析与探讨［J］. 资源导刊，2013，（12）：14 - 15.

[245] 张世全，李汉敏. "挂钩"透析——对城乡建设用地增减挂钩和人地挂钩的思考［J］. 中国土地，2013，02：45 - 47.

[246] 杨永磊，郭万明. 新型城镇化人地挂钩政策研究［J］. 特区经济，2016，（2）：20 - 22.

[247] 吴晓峰，彭建东. 基于生态城市理念的"三旧"改造模式研究——以东莞市"三旧"改造为例［J］. 城市发展研究，2012，19（6）：149 - 152.

[248] 孙英辉，佟绍伟，蔡卫华，等. 佛山市"三旧"改造调研报告［J］. 国土资源情报，2011，（4）：9 - 17，55.

[249] 张科. "三旧"改造：存量土地盘活的东莞实践［J］. 中国经贸导刊，2015，31：24.

[250] 陈晨，赵民，刘宏. 珠三角"三旧"改造中的土地利益格局重构及其运作机制——以佛山市"三旧"改造经验为例［J］. 中国名城，2013：35 - 42.

[251] 高艳梅，李景刚，张效军. 城市改造与城市土地利用效益变化研究——城市改造与城市土地利用效益变化研究［J］. 生态经济，2013，（1）：59 - 63.

[252] 蒋力. 佛山经验点亮"三旧"改造思路——访国土资源部"三旧"改造课题组专家朴英［J］. 中国地产市场，2011：68 - 69.

[253] 陈会广等. 农村集体经营性建设用地入市法律制度研究——基于江苏省实地调研的解读 [J]. 北京：中国大地出版社，2015.

[254] 赵干城. 印度无户籍：贫民窟成城市顽疾 [J]. 人民论坛，2013，（2）：30-31.

[255] 孙国华，杨思斌. 公私法的划分与法的内在结构 [J]. 法制与社会发展，2004，04：100-109.

[256] 王丹；王士君. 美国"新城市主义"与"精明增长"发展观解读 [J]. 国际城市规划，2007，22（02）：61-66.

[257] 田志强，郭思岩，彭爱华. 基于土地督察实践的城市建设用地审批制度改革思路研究 [J]. 中国土地科学，2012，26（12）：3-11.

[258] 王克稳. 论行政审批的分类改革与替代性制度建设 [J]. 中国法学，2015，（2）：5-28.

[259] 徐四伟. 物业税制度研究 [D]. 厦门：厦门大学，2005.

[260] 张清勇. 人大国发院专题报告——中国住房保障百年：回顾与展望 [R]. 北京：中国人民大学国家发展与战略研究院、农业农村发展学院，2014.

[261] Northam R. Urban Geography [M]. New York: John Wiley & Sons, 1979.

[262] Mills, E. and C. Becker (1986), Studies in Indian Urban Development, Oxford University Press.

[263] World Bank (2000), Entering the 21st Century: World Development Report 1999/2000, Oxford University Press.

[264] Department of Economic and Social Affairs of United Nations. World Urbanization Prospects: The 2011 Revision, New York, 2012: 4.

[265] Shoshany M, Goldshleger N. Land-use and population density changes in Israel—1950 to 1990: analysis of regional and local trends [J]. Land Use Policy, 2002, (19): 123-133.

[266] Eisenhardt, K. M. Building Theories from Case Study Research. Academy of Management Review [J]. 1989, 14 (4): 532-550.

[267] Yin, R. K. Case Study Research: Design and Methods (3nd Edition) [M]. Thousand Oaks, CA: Sage, 2003.

[268] J. Vernon Henderson. Urbanization in China: Policy Issues and

Options ［R］. 2009b. http：//www. econ. brown. edu/faculty/henderson/.

［269］Henderson，J. V. The Urbanization Process and Economic Growth：the So-what Question ［J］. Journal of Economic Growth，2003，8 (1)：47 - 71.

［270］Chang，G. H. and J. C. Brada. The Paradox of China's Growing Under-urbanization ［J］. Economic Systems，2006，(30)：24 - 40.

［271］W. A. Lewis. Economic Development with Unlimited Supplies of Labor ［J］. Manchester School of Economics and Social Studies，1954，22 (5)：139 - 91.

［272］Simon Kuznets，"Economic Development and Income Inequality"，American Economic Review，Vol. 45，1955.

［273］Robinson，S. A Note on the Hypothesis relating Income Inequality and Economic Development ［J］. The American Economic Review，1976，Vol. 66.

［274］Mills，E. S; B. Hamilton. Urban Economics，Scott，Foresman，Glenview，IL，1984.

［275］Klaus Denininger，Song Jin. Tenure security and land-related investment：Evidence from Ethiopia ［J］. European Economic Review，2006，(50)：1245 - 1277.

［276］Tiebout，C. ，"A Pure Theory of Local Expenditure"，Journal of Political Economy，1956，64 (5)，416 - 424.

［277］Oates，W. Toward a Second-Generation Theory of Fiscal Federalism ［J］. International Tax and Public Finance，2005，12 (4)，349 - 373.

［278］Montinola，Gabirella，Yinyi Qian，and Barry R. Weingast，. Federalism，Chinese Style：The Political Basis for Economic Success in China ［J］. world Politics，1995，48 (1)：50 - 81. "

［279］Yinyi Qian and Barry R. Weingast. China's Transition to Markets：Market—Preserving Federalism Chinese Style ［J］. Journal of Policy Reform，1996：149 - 185.

［280］Qian Yinyi and Barry R. Weingast. Federalism as a Commitment to Preserving Market Incentives ［J］. Journal of Economic Perspectives，1997，11 (4)：83 - 92.

[281] Bo, Zhiyue. Economic Performance and Political Mobility: Chinese Provincial Leaders [J]. Journal of Contemporary China, 1996, 5 (12): 135 – 154.

[282] Maskin, Eric; Qian, Y, Xu C. Incentive, Information, and Organization Form [J]. Review of Economic Studies 2000, 67 (2): 359 – 378.

[283] Johann H. von Thünen. Der isoliterte Staat in Beziehung auf Landwirtschaft und Nationalekonomie [M]. Hambuer, 1826.

[284] D. Harvey. Social Justice and the City [M]. Oxford: Basil Blackwell, 1988.

[285] D. Harvey. The Urbanization of Capital [M]. Oxford: Basil Blackwell, 1985.

[286] D. Harvey. Class-Monopoly Rent, Finance Capital and the Urban Revolution [J]. Regional Study, 1974 (8): 239 – 255.

[287] W. Arthur Lewis. Economic Development with Unlimited Supplies of Labour [J]. The Manchester School, Volume 22, Issue 2, pp. 139 – 191, May 1954.

[288] Ranis G. and J. C. H. Fei, A Theory of Economic Development, The American Economic Review, 1961, 51 (4), 533 – 565.

[289] Todaro Michael. A Model of Labor Migration and Urban Unemployment in Less Development Country, The American Economic Review, 1969, 59, (1): 138 – 148.

[290] John R. Harris, Todaro, M. Migration, Unemployment and Development: A Two-Sector Analysis [J]. American Economic Review, 1970, (1): 126 – 142. 1.

[291] Lee E S. A Theory of Migration [J]. Demography, Vol. 3, No. 1, pp. 47 – 57, 1966.

[292] Ervin Y. Galantay, ed. The Metropolis in Transition [M]. New York: Paragon House Publishers, 1987.

[293] Marchall, Arfred, Princriples of Economics (8th edition) [M]. Macmillan & Co, Lodon. 1920.

[294] Shleifer, A. Schumpeter Lecture: Government in Transition [J]. European

Economic Review, 1997, 41 (3), 385 - 410.

[295] Treisman, D. , After the Deluge. Ann Arbor [M]. MI: University of Michigan Press, 1999.

[296] World Bank Policy Research Reports, the East Asian Miracle: Economic Growth and Public Policy [R]. 1993.

[297] Li, Hongbin and Li AnZhou, "Political Turnover and Economic Performance: The Incentive Role of Personnel Control in China", Journal of Public Economics, 2005, (89): 743 - 1762.

[298] Henderson Citiesn and Development [EB/OL]. 2009a. http: //www. econ. brown. edu/faculty/henderson/papers. html.

[299] Au, C. and V. Henderson, Are Chinese Cities too Small? Review of Economic Studies, 2006, 73 (2): 549 - 576.

[300] Zenou, Y and T. E. Smith. Efficiency Wages, Involuntary Unemployment and Urban Spatial Structure. Regional Science and Urban Economics, 1995, 25, 821 - 845.

[301] Johson M. B. , Planning Whithout Prices: A Dicussion of Land Use Regulation without Compensation [M]. edited by B. Siegan, MA: Lexington Books. 1977: 63 - 111.

[302] Chan, Kam Wing. Fundamentals of China's Urbanization and Policy [J]. The China Review, 2010, 10 (1): 63 - 94.

[303] Harris,R. D. F. , and E. Tzavalis. Inference for unit roots in dynamic panels where the time dimension is fixed. Journal of Econometrics. 1999, 91: 201 - 226.

[304] Arellano,M. , O. Bover. Another look at the instrumental variable estimation of error-components models, Journal of Econometrics, 1995, 68 (1): 29 - 51.

[305] Henderson, 2000, /How Urban Concentration Affects Economic Growth, The World Bank Policy Research Working Paper, No. 2326, Washington D. C.

图书在版编目（CIP）数据

地租分配调节视角下的人口城市化推进路径探究：
从"重地轻人"向"以人为本"的转轨 / 张耀宇著. —南京：
南京大学出版社，2018.12

（人口发展战略丛书 / 沙勇主编）
ISBN 978‐7‐305‐21279‐6

Ⅰ. ①地… Ⅱ. ①张… Ⅲ. ①人口－城市化－研究－中国
Ⅳ. ①C924.24

中国版本图书馆 CIP 数据核字(2018)第 265324 号

出版发行　南京大学出版社
社　　址　南京市汉口路 22 号　　　邮　编　210093
出版人　金鑫荣

丛 书 名　人口发展战略丛书
丛书主编　沙　勇
书　　名　**地租分配调节视角下的人口城市化推进路径探究**
　　　　　　——从"重地轻人"向"以人为本"的转轨
著　　者　张耀宇
责任编辑　张倩倩　吴　汀

照　　排　南京理工大学资产经营有限公司
印　　刷　南京玉河印刷厂
开　　本　787×960　1/16　印张 11.5　字数 194 千
版　　次　2018 年 12 月第 1 版　2018 年 12 月第 1 次印刷
ISBN 978‐7‐305‐21279‐6
定　　价　45.00 元

网　　址：http://www.njupco.com
官方微博：http://weibo.com/njupco
官方微信：njupress
销售咨询热线：025‐83594756